教育部人文社会科学
研究规划基金项目（10YJA790090）成果

防范资产型通货膨胀的
货币政策新框架

The New Frame of Monetary Policy
Keeping away from the Asset Inflation

李健　邓瑛　著

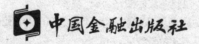

中国金融出版社

责任编辑：王效端　王　君
责任校对：张志文
责任印制：丁淮宾

图书在版编目（CIP）数据

防范资产型通货膨胀的货币政策新框架（Fangfan Zichanxing Tonghuo
Pengzhang de Huobi Zhengce Xinkuangjia）/李健等著 . —北京：中国金融出
版社，2014.1
ISBN 978 - 7 - 5049 - 7255 - 2

Ⅰ. ①防… Ⅱ. ①李… Ⅲ. ①通货膨胀—研究—中国②货币政策—研
究—中国 Ⅳ. ①F822

中国版本图书馆 CIP 数据核字（2013）第 313113 号

出版
发行　中国金融出版社
社址　北京市丰台区益泽路 2 号
市场开发部　（010）63266347，63805472，63439533（传真）
网 上 书 店　http：//www. chinafph. com
　　　　　　　（010）63286832，63365686（传真）
读者服务部　（010）66070833，62568380
邮编　100071
经销　新华书店
印刷　北京市松源印刷有限公司
尺寸　169 毫米×239 毫米
印张　10.75
字数　186 千
版次　2014 年 1 月第 1 版
印次　2014 年 1 月第 1 次印刷
定价　29.00 元
ISBN 978 - 7 - 5049 - 7255 - 2/F. 6815
如出现印装错误本社负责调换　联系电话（010）63263947
编辑部邮箱：jiaocaiyibu@ 126. com

前　言

改革开放以来，中国共经历了五轮通货膨胀，分别为 1998 年、1994 年、2004 年、2007 年和 2010 年。前三次通货膨胀具有明显的需求拉动型特征，2007 年以后的物价上涨其需求拉动特征并不显著，却具有明显的成本推动特征：一是 2007 年美国次贷危机爆发后引发全球金融动荡，中国的经济增长在温和减速的同时 CPI 出现了上升；二是经济复苏过程中并未出现以往通货膨胀发生时煤电油运紧张的情况；三是国内原材料、劳动力等价格上涨，导致工业企业生产成本大幅上升。因此，国内许多研究认为应从"供给面"进行解释，将 2007 年后的通货膨胀分为两类：一是输入型通货膨胀，认为国际大宗商品价格上涨通过进口品价格等途径传导至国内；二是劳动力成本上涨，认为中国正在经历刘易斯拐点，低端劳动力供需紧张导致劳动力成本持续上涨，推动国内价格水平上涨。

虽然许多研究从供给面的角度可以解释近几年通货膨胀的一系列具体原因和传导机制，但如果着眼于整体价格体系的变动态势，这些解释仍然缺乏足够说服力。首先，在 2007 年后的通货膨胀中，劳动力等生产要素成本上升固然可以部分解释 CPI 的上涨，但显然不能解释以房价为代表的各类资产价格的快速上升。其次，国际大宗商品价格上涨对国内生产者价格以及 CPI 中非食品价格的上涨影响较为显著，但对带动 CPI 上升的主要因素食品价格上涨的解释力不足。另外还有一些研究使用通胀预期来解释，认为长期负利率引发了通胀预期，通胀预期刺激相关商品的投机需求，最终推动价格水平上涨。但是通胀预期是如何产生，又是如何影响各类生产要素价格的？现有的研究无法清楚说明这些疑问。可以说，2007 年以后中国通货膨胀的产生有成本推动、预期推动，以及需求拉动等各种因素交织在一起，单从某一个方面的成因无法准确解读，需要我们突破传统的通货膨胀形成机理与治理范式，以更广阔的视野来考量后危机时代出现的新问题。

因此，我们将目光聚焦在后危机时期的两大显著特征：高货币化现象与资产价格的快速上涨。危机以来，在力度空前的扩张政策刺激下，无论是以美国为代表的股市，还是以中国为代表的房市，资产价格率先"复苏"且力度最大，这是量化宽松政策刺激下复苏路径的显著特点。我们用"资产型通货膨胀"来界定这一新现象，即：货币量过多的反映更多地体现在资产类物品（如房屋、保值品、股票等）的价格上涨中，从而为研究后危机时代的通货膨胀问题找到了一个较好的突破口。

与此同时，金融危机的爆发也使得货币政策受到前所未有的挑战。全球金融危机之前，无论经济学家还是政策制定者均认为大量的理论和实证研究已经使得货币政策成为一门科学。自20世纪80年代以来的"大缓和"标志着货币政策在全球范围内的空前成功。然后始料未及的金融危机使央行的货币政策方略遭到严重质疑，危机之后关于货币政策实践的争论，尤其是货币政策是否应该关注资产价格的论战，更是愈演愈烈。

基于此，我们尝试在防范资产型通货膨胀的货币政策框架方面做一些探索性的研究。本书以金融危机后过量货币投放引起资产价格的超调现象作为研究的起点，深入剖析资产价格对通货膨胀的传递机理和动态效应，揭示资产型通货膨胀演进的一般规律及其与货币政策之间的双向关系，并制定出应对资产型通货膨胀的货币政策框架。

本书共分为八章。前三章是对研究对象"资产型通货膨胀"的概念界定与特征解析。第四章从货币的媒介职能和资产职能分析入手，研究货币的交易性需求和资产性需求及其作用，探讨货币量与资产价格之间的关系，论证资产型通货膨胀的形成机理。第五章是国际经验的比较研究，选择日本的泡沫经济、美国的次贷危机、中国2003年以来的资产价格波动为样本进行研究，重点从货币总量这个全新的角度来审视房地产价格超调和资产型通货膨胀发生的根源。第六章以货币结构为切入点研究了货币冲击后房地产价格和物价不同步上涨的原因。通过刻画货币结构的时间和空间两个维度，构建货币的资产化比率和非实体化比率两个指标，对中国的货币结构与房地产价格、物价之间的非线性关系进行了实证分析。第七章探索建立应对资产型通货膨胀的货币政策架，以"一个支柱、两个辅翼"推进房地产价格软着陆，力图解决中国货币政策决策与效果评价中的理论和实践难题。第八章总结了全书的研究结论和未来进一步研究的方向。

本书在写作的过程中得到了众多专家学者的建议和帮助。感谢中国人民大学沈伟基教授、中国国际金融学会吴念鲁教授、中国社会科学院何德旭教授和中央财经大学的郭田勇教授对本书的初稿提出的宝贵意见，他们在货币理论方面的深厚造诣和真知灼见为我们的修改工作提供了启发，也十分感谢中央财经大学金融学院的各位同事，他们对本书的完成给予了有力支持。感谢中国金融出版社的王效端主任、王君编辑，得益于她们辛勤与细致的工作态度、良好的职业素养，本书的出版才能顺利实现。

李健　邓瑛
二〇一三年冬于北京

内 容 摘 要

资产型通货膨胀是近 20 年出现的新现象。数次全球性金融危机的发生，使得各国政府都推出了大规模经济刺激计划，采取了以大规模货币刺激去为金融体系"补血"的措施，由此引发了金融风险的财政化与货币化，增加了全球经济政策多重调整的难度与世界范围内的通胀压力，加剧了流动性泛滥和货币贬值的风险。在货币超发的刺激下，中国出现了资产价格的大幅上涨。由于房地产价格膨胀往往与流动性充裕紧密相连，房地产价格更容易成为流动性进而通货膨胀的先行指标。同时，人们的货币支出结构中购房和投资已成为主体，货币的资产职能空前强化。如果我们把巨额货币存量和资产价格普遍上涨这两个现象结合起来考虑，就可以得出一个"资产型通货膨胀"的新概念，即货币量过多的反映更多体现在资产类物品的价格上涨中。

本书以此为线索，回顾了国内外关于通货膨胀、资产价格与货币政策的相关研究，辨析了传统实物型通货膨胀和资产型通货膨胀的区别，针对中国及其他国家的数据对后危机时期资产型通货膨胀的形成、演进及向实物型通货膨胀的传导机制进行了理论与实证分析，从货币总量和货币结构两个视角剖析了货币政策与资产型通货膨胀的双向关系，并在此基础上提出了治理资产型通货膨胀的货币政策新框架，由此得出了如下主要研究结论：一是扩展了传统的物价上涨、通货膨胀定义，给予通货膨胀更为精准的分类，包括实物型通货膨胀和资产型通货膨胀；二是论证了在资产泡沫积聚时期，房地产价格上涨的实体推动因素不足，最重要的还是货币推动因素；三是解析了货币结构的改变对价格体系的冲击作用，提出应密切关注货币结构对不同类型通货膨胀的引致作用；四是提出了变革中央银行"单一目标"模式的政策目标体系的政策建议，认为应将资产价格和货币资产化比率作为货币政策的跟踪和监测指标，同时辅以中央银行的功能性改革与宏观审慎监管、更均匀的货币政策反应周期等以搭建治理资产型通货膨胀的货币政策新框架，防止资产型通货膨胀向实物型通货膨胀的传导和转化。

本书的创新主要体现在：一是在理论上打通了宏观货币理论与微观金融理

论的内在联系渠道，重新论证了通货膨胀理论，扩展了现有货币政策的研究范式；二是提出防范货币政策引致金融危机的新观点，并从结构视角论证了货币结构对不同价格体系的冲击作用。

关键词：通货膨胀　资产型通货膨胀　货币政策　房地产价格

Abstract

The asset inflation is a new phenomenon in recent decades. After several global financial crises, each government brought about plans stimulating the economy, adopting easy monetary policy to secure the financial system, which resulted in monetization of financial risk, increased the adjusting difficulty and global inflation pressure, pricked up the risk of excess liquidity and money devaluation. Under this background, asset prices in China have increased sharply. Since the inflation of housing prices is linked closely with the excess liquidity, housing prices are more ready to be the leading indicator of inflation. Meanwhile, the major expenditures are purchase and investment in houses, and the capital function of money is more strengthened. If we combine the substantive money stock and the rise of asset inflation, we can get the new concept of "asset inflation", i. e. , the excess money is reflected in the increase of asset prices.

This study based on the background, reviewed international literatures regarding inflation, asset prices and monetary policy, analyzed the difference between the traditional inflation insubstantial economy and asset inflation, made theoretical and empirical analysis on the formation, evolution and transmit mechanism to the substantial economy of asset inflation in the post – crisis era with data in China and other countries, explored the bidirectional relation between monetary policy and asset inflation from point of view of both money stock and money structure, and presented the new monetary policy frame keeping away from the asset inflation. Therefore, this study has come to the following conclusions.

Firstly, this study extended the traditional definition of commodity price rise and inflation, set inflation into more accurate catalogue which includes inflation in the substantial economy and asset inflation. Secondly, this study has proved that the most important factor that pushed up housing prices in the asset bubble period is money stock instead of the real economy. Thirdly, this study analyzed the impact of changes in money structure to the price system, and presented that we should pay close attention to the role of money structure played in the different inflations. Fourthly, this study posted the policy recommendations, such as reforming the single object model of central banks, setting asset price and the ratio of capitalization of money as a supervisory index of monetary policy, establishing the new frame of monetary policy keeping away from asset inflation to inflation in substantial economy, with the functional reform of central banks and macro – prudential supervision as well as more symmetrical policy responding period.

The innovation of the study is as follows. On one hand, it set up a connection channel between macro monetary theory and micro financial theory, revised the inflation theory and expanded current paradigm of monetary policy study. On the other hand, it put forward a new viewpoint of keeping away from financial crisis resulted from monetary policy and demonstrated the impact of money structure to different price systems.

Keywords: Inflation, Asset Inflation, Monetary Policy, Housing Prices

目　录

1 导论

1.1 选题背景

1.1.1 后危机时期全球量化宽松政策加剧了流动性过剩

2008 年国际金融危机爆发以来，各国政府都推出大规模经济刺激计划，采取了以大规模货币刺激去为金融体系"补血"的措施。我们可以看到，美国自 2009 年以来共推出了 4 轮量化宽松政策，而在 2012 年，英国、日本及欧洲中央银行都实施了直接向市场注资的政策（见表 1 - 1、表 1 - 2），但这并没有解决危机的深层次根源，却引发了金融风险的财政化与货币化，增加了全球经济政策的多重调整的难度与世界范围内的通胀压力，加剧了流动性泛滥和货币贬值的风险。在外部压力的冲击下，中国也实施相对宽松的货币政策，客观上形成了巨额的货币存量，2013 年 3 月末 M_2 余额 103.61 万亿元，首次超过 100 万亿元大关，其中准货币占比 70%（见图 1 - 1），人们的货币支出结构中购房和投资已成为主体，货币的资产职能空前强化。

表 1 - 1　　　　　　　　美国 2008 年以来历次量化宽松政策

国家	历次操作	时间	措施	市场反应
美国	首轮量化宽松（QE1）	2008 年 11 月至 2010 年 4 月	美联储在首轮量化宽松政策的执行期间共购买了 1.725 万亿美元资产	QE1 把华尔街的金融公司从破产边缘拯救了出来，而美国经济仍在苦苦挣扎。虽然道琼斯工业指数大幅上涨，但美国就业率没有根本改善

国家	历次操作	时间	措施	市场反应
美国	第二轮量化宽松（QE2）	2010 年 11 月至 2011 年 6 月	美联储第二轮量化宽松总计将采购 6 000 亿美元的资产	此一轮政策吹大货币泡沫，世界各国纷纷采取紧缩政策对抗
	美联储推出开放式量化宽松（QE3）	2012 年 9 月至"以美联储认为经济形势令人满意作为终点"	美联储将每月购买 400 亿美元机构抵押贷款担保债券，并视情况决定额外采购额度	大宗商品价格上涨
	第四轮量化宽松（QE4）	2012 年 12 月 12 日开始	每月采购 450 亿美元国债的 QE4，俨然向全球金融市场输出通胀	黄金、原油及其他大宗原材料价格都出现了下跌的趋势

表 1 - 2　　　英国、日本和欧洲 2008 年以来的量化宽松政策

	时间	措施	市场反应
英国	2009 年 3 月 11 日	英格兰银行当天通过逆向拍卖的方式从保险公司、养老金和投资基金等机构手中购得价值 20 亿英镑的 5~9 年期国债	英国经济恢复增长，首轮量化宽松政策稳定经济并改善了金融业信心，发挥了理想的效果
	2011 年 10 月 6 日	将量化宽松规模从之前的 2 000 亿英镑（约 3 080 亿美元）增加至 2 750 亿英镑（约 4 240 亿美元），并将基准利率维持在 0.5% 的历史低点	消费价格指数到 2012 年 12 月下降到了 4.2%，且短期仍有走低的可能
	2012 年 2 月 9 日	规模扩大 500 亿英镑至 3 250 亿英镑，同时继续维持当前 0.5% 的基准利率不变	
	2012 年 7 月 5 日	规模扩大 500 亿英镑至 3 750 亿英镑，同时维持基准利率于 0.5% 不变	
日本	2010 年 10 月	日本央行在 2010 年 10 月的货币政策会议上决定，实施总额为 5 万亿日元的金融资产购买计划，并以固定利率、资金供给担保等形式为市场提供 30 万亿日元流动性	在日本经济开始出现复苏信号时，对刺激需求、防止通胀以及稳定金融市场起到了一定作用，极低的利率水平有利于日本经济复苏

续表

	时间	措施	市场反应
日本	2011 年 3 月 14 日	资金池扩大 5 万亿日元，至 40 万亿日元	扭转了日元升值的态势，同时使得市场对于央行将"不遗余力"扭转通缩的预期不断升温
	2011 年 8 月 4 日	将资产购买以及有担保市场操作的资金规模从 40 万亿日元提高至 50 万亿日元，将资产购买规模自 10 万亿日元提高至 15 万亿日元；将有担保市场操作规模提高至 35 万亿日元	
	2011 年 10 月 27 日	资产购买计划扩大 5 万亿日元，总额达到 55 万亿日元	
	2012 年 2 月 14 日	资产购买规模扩大 10 万亿日元，总额增加至 65 万亿日元，增购的部分将全用于购买日债	
	2012 年 4 月	维持无担保隔夜拆款利率在 0～0.1% 的区间不变，同时将资产购买计划规模扩大至 70 万亿日元（约合人民币 5.44 万亿元）	
	2012 年 9 月	再次宣布新增 10 万亿日元（约 1 264 亿美元）资金，一半用来购入短期国债，一半用来购入长期国债，并维持基准利率在 0～0.1% 的水平不变	
	2012 年 12 月	资产收购基金额度再增加 10 万亿日元（约人民币 7 400 亿元）至 101 万亿日元	
欧洲	2011 年 12 月	欧洲央行以 1% 的利率推出了首期无限量的三年期长期再融资计划（Long - Term Refinancing Operation, LTRO），为 523 家欧洲银行提供了 4890 亿欧元的三年期贷款	具有稳定市场的作用，但由于欧洲经济结构的异质性、多边政府的政治影响、欧洲央行职能机器政策操作的特性等问题，非常规货币政策作用的发挥受到制约。而对于量化宽松政策本身，非但无法触动欧元区结构性失衡和治理机制不健全等根本性问题，短暂的金融市场反弹更是掩盖了实质性的恶化
	2012 年 2 月	欧洲央行再施援手，启动第二轮三年期 LTRO，为 800 家欧洲银行提供了 5 295 亿欧元贷款	
	2012 年 9 月	当西班牙国债收益率再创新高之后，欧洲央行祭出了又一"杀手锏"——直接货币交易，即在成员国提出购债申请并符合条件后，欧洲央行将在二级市场上直接购买该国债券	

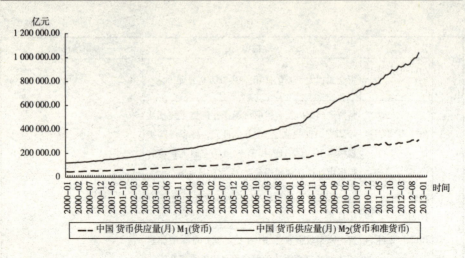

图 1-1　中国货币供应量 M_1 与 M_2（2000—2013 年）

1.1.2　中国资产价格的"超调"现象引人注目

在流动性充裕的背景下，中国经济强劲复苏，房地产市场和金融市场迅猛发展，包括人均住房、黄金和其他增值性投资品、金融资产等在内的资产规模快速增长，各种资产价格的涨幅远远超过了消费物价的涨幅（见图 1-2、图 1-3）。由于货币和风险资产市场调节速度要大于实体经济调节速度，资产价

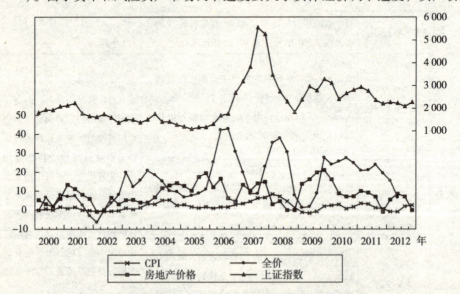

注：CPI、房地产价格和金价均为与上年同期相比的变化率，股价为上证指数。

图 1-2　中国各类资产价格和 CPI 走势图（2000—2012 年）

格尤其是房地产价格出现了"超调"现象，即房地产价格涨幅远远超过了消费物价的涨幅，从而形成持续的通胀预期，并带来通货膨胀上升的问题。

图1-3　中国商品房销售价格（1997—2013年）

1.1.3　资产型通货膨胀成为金融危机后亟须应对的问题

　　当我们把巨额货币存量和通胀预期刺激下的资产价格上涨这两个现象结合起来考虑，就可以得出"资产型通货膨胀"这个新概念，即货币量过多的反映更多地体现在资产类物品（如房屋、保值品、股票等）的价格上涨中。

　　在纯粹的信用货币制度下，货币数量与币值之间存在反向关系，而币值的变化通过价格来反映。传统的货币理论将通货膨胀描述为是货币过多导致币值下跌、物价上涨的现象，但由于早先的虚拟经济并不发达，实体经济占据主导地位，对物价上涨的考察是以一般商品价格指数 CPI、PPI 等为衡量指标，即"一般物价"的概念，并不包括资产价格在内。实际上，随着虚拟经济和资产市场的迅猛发展，虚拟品和资产价格在总体价格中的作用越来越凸显。因此，从反映币值变化的视角看，广义的价格上涨应该包括两大部分：一是代表社会再生产过程的普通商品价格上涨，如 CPI、PPI 及 GDP 平减指数的上升；二是代表财富价值变化过程的资产类物品价格上涨，如房地产价格、股价、各种稀缺性保值品（如黄金、古董、字画、邮票等）价格的上升。这两类价格上涨的现象分别形成的是实物型通货膨胀和资产型通货膨胀，其中第二部分价格——资产价格暴涨暴跌的现象在最近几次金融危机前后表现尤为显著，它极大地颠覆了传统的物价上涨、通货膨胀的定义。因此，我们应该从广义的价格上涨这个角度来重新认识和理解通货膨胀，尤其在金融危机冲击过后，面对资产型通货膨胀这一新的问题，如何运用货币政策维持金融稳定，迫切需要转变传统的货币政策范式，把币值稳定的目标置于包含了资产价格在内的广义价格变动的纵深视野，以理论思考和现实关怀相结合的态度，把对这一问题的思考推进到一个更深入的水平。

1.2　研究意义

1.2.1　理论意义

理论意义：剖析资产型通货膨胀的形成与传递机制，丰富和发展货币政策理论。

通货膨胀的形成原因和表现形式多种多样，当今国际学术界对通货膨胀的研究文章可以说是多如牛毛，而对于资产型通货膨胀的效应和机制鲜有文献研究。因此，本书的研究突破货币政策研究的传统视角，从房地产价格波动和通胀预期这一微观行为因素的形成以及对宏观货币政策的影响着手，融合宏微观经济学、心理学、博弈论、行为金融学等多学科理论，通过定性与定量研究、实证主义与阐释主义相结合的方法，解析房地产价格超调、资产型通货膨胀的形成、传递及演进机制，希冀丰富通货膨胀的研究成果，进而丰富和发展货币政策理论。

1.2.1　现实意义

现实意义：揭示货币、资产价格与通货膨胀之间的内在逻辑关系，建立资产型通货膨胀的监测和预警指标，为中央银行治理通货膨胀实践参考。

近十年来，中国房地产市场发展迅猛，对经济运行的影响越来越大，其微小波动都会对人们的心理产生巨大影响。从中国的实际来看，房地产价格膨胀往往与流动性充裕是紧密相连的，使得房地产价格更容易成为流动性进而通货膨胀的先行指标。随着 2011 年欧美债务危机的进一步深化，全球持续量化宽松政策将加重中国房地产价格的"超调"现象，其潜在后果是可能通过通胀预期的演进与自我实现引发通货膨胀，甚至引发金融危机和经济危机。而从近年来中国货币政策的实践来看，由于经济运行态势复杂多变，通缩与通胀之间往往仅是"一线天"，不仅加大了货币政策调控的难度，有时也使得公众难以形成稳定的预期，有可能成为经济扰动的因素之一。所以中国中央银行也必须要"关注"房地产价格的波动，加强对相关信息的研判。中国政府很早就已高度关注这一问题，2010 年底和 2011 年底两次中央经济工作会议又明确提出，要处理好保持经济平稳较快发展、调整经济结构、管理通胀预期的关系，彰显出对通货膨胀问题的高度关注。

本书旨在厘清货币、房地产价格与通货膨胀之间的内在逻辑关系，构建包含房地产价格的动态核心 CPI，建立资产型通货膨胀的监测和预警指标体系，适时适度把握防治资产型通货膨胀的方向、力度和节奏。这有利于实现货币政策对房地产价格波动的动态调整和优化，促进物价稳定与金融稳定的协调，对推进科学发展观在中国经济金融领域最新成果的转化无疑具有重要的现实意义。

1.3　目前国内外研究的现状和趋势

1.3.1　资产型通货膨胀概念的提出

大多数经济学家都认为通货膨胀在本质上是一种货币现象，即由过多的货币追逐不足的商品而形成。商品可以分为消费品和投资品，由于消费品与生活直接相关，人们习惯于用消费物价指数 CPI 来衡量通货膨胀。然而，从国际范围来看，过去的十余年来消费品总体上供大于求导致 CPI 持续稳定甚至下降，但同时资产价格急剧上升，波动性越来越大。一般物价的平稳与资产价格的膨胀并存这已经成为一个不容忽视的全球性问题（伍志文、鞠方，2003）。有学者认为，近年来的价格上涨没有反映到消费价格指数（CPI）上，而主要是在资产类价格的普遍上涨中得以释放（于学军，2007）。

因此我们认为，如果继续沿用消费价格指数（CPI）的尺度来衡量通货膨胀，会陷入一个理论误区和政策盲区。当我们把巨额货币存量和资产价格普遍上涨这两个现象结合起来考虑，可以得出一个"资产型通货膨胀"的新概念，即货币量过多的反映更多体现在资产类物品的价格上涨中。反过来说，长期普遍的资产泡沫是通货膨胀的一种反映，当然其成因、影响、背景、环境和治理都与实物型通货膨胀有所不同。

1.3.2　资产价格与通货膨胀关系

资产价格和通货膨胀的关系一直是一个充满争论的话题，国内外学者分别从理论和实证两方面对其进行了研究。现有研究认为，在中央银行实行扩张货币政策的刺激下，资产价格的上升会通过托宾 q 和财富效应增加总需求，从而使产出增加，并带来通货膨胀压力。而资产价格上升本身也会通过通胀预期和生产成本增加而转化为通胀压力（Lim，2006；Frederic S. Mishkin，2007），许多实证研究也支持以上观点（Kent and Lowe，1997；Shuarsuka，1999；Torsten et al.，2000；Goodhart and Hofmann，2002；Alberto and Oreste，2005）。但由于在实践中常常存在高资产价格和低通货膨胀共存的现象，一些学者对此给出了不同的解释，如稳定计划的成功实施、经济供给面的改善等。另外，货币政策信誉的提高使得通胀率变得对需求压力不很敏感并降低了未来的不确定性，这就使得低通胀和资产价格上升并存（Borio and Lowe，2002）。

可见，前述学者的研究并没有考虑到两类通货膨胀的差异，由于实物商品采用的是成本加成定价的方式，而资产实行的资本化定价方式，两者价格变动的决定因素区别很大，这就使得很难将两者纳入一个统一的框架进行分析，而本研究将弥补这一缺憾，从多方面详细解释资产型通货膨胀和实物型通货膨胀的区别。

1.3.3　资产型通货膨胀与货币之间的关系

货币主义的观点认为，通货膨胀仅仅是一种货币现象，商品价格上涨只是因为货币数量过多、货币贬值带来的。这一解释仍然可应用于探讨资产型通货膨胀与货币之间的关系。许多学者的研究结果显示，货币原动力（monetary dynamics）与资产价格（以房地产价格为例）之间的多重关系是存在的（Greiber and Setzer，2007；Oikarinen，2008；Belke，Orth and Setzer，2010）。一方面，房地产价格上涨之后，家庭净财富会随着房屋交易量和基建量的增大而增加，这将引起货币需求提高；另一方面，两者的相互关系也可由货币量变化传导到住房市场，尤其是扩张性的货币政策向市场提供了过多的流动性，会带来资产的膨胀（asset inflation）。此外，"加速器效应"会使房地产价格与货币量之间的因果关系表现为双向的复杂机制，这是因为住房市场的发展对银行的信贷行为也有重要影响。因此，资产型通货膨胀与货币之间的关系可以通过货币政策的"资产型通胀渠道"（asset inflation channel）来实现，即扩张性货币政策在繁荣房地产市场的同时，将导致房地产价格轮番上涨。在"货币幻觉"的刺激下，这一效应将更显著。关于资产型通货膨胀与货币之间的关系，国内学者还没有展开系统研究，本研究将从货币需求、货币供给、借贷过程三方面梳理两者之间的双向促进关系。

1.3.4 应对资产型通货膨胀的货币政策

Armen Alchain 和 Benjamin Klein 在《通货膨胀的正确度量》（1973）一文中论证了货币当局应该关注资产价格的观点，由此提出了跨期成本生活指数（Intertemporary Cost of Living Index，ICOLI）；Smets（1997）发展了一个简单的结构模型，阐明了未预期到的资产价格波动可以影响通货膨胀预期的两个理由。Kent 和 Lowe（1997）提出了一个考虑资产价格上涨与下跌时对商品与服务价格的不对称性影响的简单模型，认为资产价格的上涨给中央银行一种信号，即私人部门对总体通货膨胀预期更高，这些信息会影响中央银行对未来通货膨胀的预期。Cecchetti、Genberg 及 Wadhwani（2002）针对资产价格波动与消费物价上涨之间存在的潜在的不稳定性提供了解释。Geromichalos、Licari 及 Lledó（2007）则构建了一个模型论证了货币供应规则与资产价格变动之间的反向关系。

相对于国外研究而言，国内关于资产价格与通货膨胀关系的研究相对较少，主要有：瞿强（2001）就货币政策和资产价格的关系进行较为全面的梳理；吕江林（2005）利用股指价格指数、GDP 指数对中国进行实证，认为中国的货币政策应该对股价波动作出反应；郭田勇（2006）从理论上论述由于资产价格决定因素不确定，中国目前缺乏相应的调控手段，将资产价格纳入货币政策目标有一定难度；王虎（2008）运用股票指数、CPI、WPI 指数和向量自回归模型进行了实证，研究发现中国的资产价格能够对将来的 CPI、WPI 产生影响；戴国强、张建华（2009）运用包含资产价格的金融状况指数对通货膨胀进行预测，该指数能够对通货膨胀作出及时和有效的估计。

综观国内外学者关于"应对资产型通货膨胀货币政策"的研究，基本是通过理论论证和实证检验，说明了货币政策关注资产价格的重要性，但就中央银行应如何关注的具体方案没有一个明确而系统的表述，本研究将多维度多方位地提出解决的方案，弥补政策实践的缺陷。

1.4   研究对象与研究目的

1.4.1   研究对象

本书关心的主要问题是货币超发带来资产价格的"超调"，由此形成资产型通货膨胀，其形成、传导和演进的机制以及与货币政策的关系，货币政策应如何治理资产型通货膨胀。因此作为研究对象的"资产价格"如何界定是一个重要前提。从广义上说，资产价格包括股票价格、房地产价格以及其他具有价值的资产如黄金、艺术收藏品等各类价格。而本书对资产价格的选取范围只局限于房地产价格，主要是因为以下原因。

就中国实际而言，人们倾向于根据房地产价格所包含的特定信息来改变对未来通货膨胀的预期。随着中国房地产市场的日益繁荣，相比较其他促成通货膨胀的因素，房地产价格与经济运行及通货膨胀之间的相关性越来越强：（1）鉴于中国经济开放度的有限性，资本项目管制和汇率形成尚未完全市场化使得国际市场相比较国内的资产市场而言，对国内通胀预期的冲击相对有限；（2）供给层面引起成本增加的各种结构性诱因往往不具有可持续性，不太可能诱发强烈的通胀预期和促成全面通胀；（3）需求层面的货币信贷扩张带来资产价格过度膨胀，但由于中国股票市场存在较大的制度缺陷，价格波动具有"无序"的特征，而房地产在中国过去十年经济发展阶段中无疑是核心和龙头产业，其价格趋势具有规律性特征，且其在居民消费中占比很大（见图1-4）。因此，房地产价格比其他资产价格更能表征资产价格的变化而直接进入代表性个人的消费支出，对公众的预期产生诸多影响。

目前，在利用货币政策调控经济时，一般国家都不再规定单一的中介目标，而是充分利用各种信息。但是，在信息缺口存在的条件下，察觉通胀风险所需的信息要么未被收集，要么在分析时未考虑通胀风险，特别是分析通货膨胀和资产价格联系所需的那些数据，因为这要求各机构之间相互暴露风险的信息。因此，理论上能够反映经济状况的变量都可以作为决策参考，即依据的是多指标的信息变量体系。在这种多指标的信息变量体系中，资产价格（尤其是房地产价格）越来越受到各方的关注。防范房地产价格泡沫、稳定公众通胀预期和维持金融稳定已成为金融学乃至经济学研究的焦点之一，也是本研究分析的重点和起点。

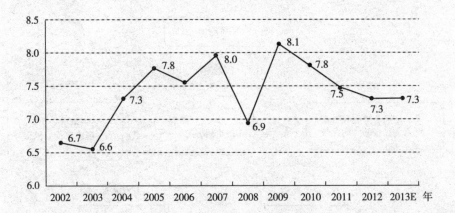

资料来源：国家统计局。

图 1 - 4 中国房地产价格收入比（2002—2012 年）

1.4.2 研究目的

本书的目的在于通过探索管理资产型通货膨胀为央行的货币政策实践提供全新的视野，构建宏观金融稳定的微观分析框架；同时，通过对货币政策规则的改进与优化，重新论证通货膨胀的理论及治理对策，将房地产价格冲击内生化，扩展现有的货币政策研究范式。

1.5 研究思路与结构安排

本书以金融危机后过量货币投放引起资产价格的超调为研究背景，以资产价格对通货膨胀的传递机理和动态效应为重点，以中国为研究落脚点并进行多经济体对比分析，揭示资产型通货膨胀演进的一般规律，制定出应对资产型通货膨胀的货币政策框架。基本思路如图 1 - 5 所示。

本书除了导论和结论和文献综述外，主体部分包括五个部分。

1.5.1 实物型通货膨胀和资产型通货膨胀的异同比较

本部分重点研究实物型通货膨胀和资产型通货膨胀的异同点。从其共同原因来看，都是由于货币数量过多，货币贬值引起。而不同点则表现在几个方面。一是反映不同：实物型通货膨胀主要反映在 CPI 上；资产型通货膨胀则主要反映在房地产价格、投资品和金融资产价格上，CPI 变化不明显（过剩经济

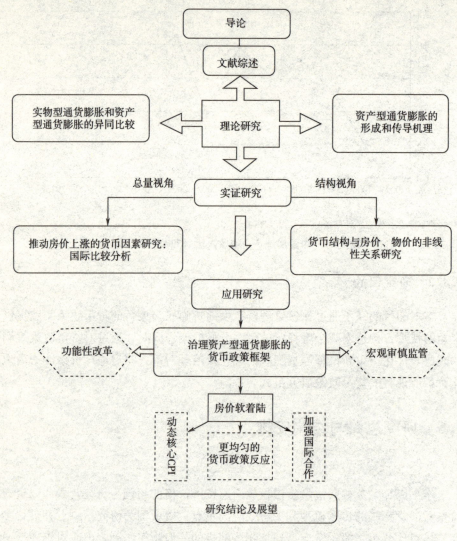

图 1-5　本书技术路线图

中实物需求的刚性）。二是原因及机理不同：货币扩张的资产泡沫效应与消费信贷的货币扩张效应相互加剧，导致货币存量越来越大，资产价格越来越高。三是影响不同，资产价格的泡沫破灭，会使人们持有的财富缩水，主要导致金融危机，由此引发实体经济的危机，而实物型通货膨胀往往会影响人们生活水平和社会安定，对实体经济伤害大，关系到国计民生。四是治理不同，实物型通货膨胀一般只需从改善供给和控制需求两方面着手，而资产型通货膨胀由于其独有的投机性、螺旋性、持久性和波及性，防治措施更具综合性和艺术性。

1.5.2 资产型通货膨胀的形成和传导机理

在文献探讨的基础上，本部分将从货币的媒介职能和资产职能分析入手，研究货币的交易性需求和资产性需求及其作用，探讨货币量与资产价格之间的关系，论证资产型通货膨胀的形成机理。主要从三个方面进行分析：（1）货币需求方面，主要研究通过"财富效应"、"替代效应"、"交易效应"实现资产型通货膨胀的。重点关注货币的资产性（投机性）需求的变化及其作用。（2）货币供给方面，主要分析如何形成"资产型通货膨胀"的渠道。例如扩张性货币政策一方面增加了货币存量，提高了人们的购房能力和期望；另一方面改善了融资条件，既提高了购房的需求与房贷数量，也增加了对开发商的贷款和建房能力，在繁荣房地产市场的同时，导致房地产价格轮番上涨。（3）信贷过程方面，主要论证"金融加速器"效应的作用。例如房地产价格上升后增加了房屋所有者的财富价值，同时以房屋作抵押物的价值提高，增强了所有者的借贷能力，基于信贷市场的不对称信息，扩大贷款额度，对货币供应形成一种新的倒逼机制。

1.5.3 资产型通货膨胀的国际比较研究与中国的经验研究

本部分将选择日本的泡沫经济、美国的次贷危机、中国 2003 年以来的资产价格波动为样本进行研究，重点从货币总量这个全新的角度来审视房地产价格超调和资产型通货膨胀发生的根源。通过分析发现这几次金融危机具备共同的特点：都属于"资产泡沫引致型金融危机"，进而揭示出通货膨胀与泡沫经济的关系及其对金融危机的催化作用；重点研究美联储长期宽松的货币政策及其后果，证明货币政策措施及时机的选择对金融危机的形成和治理至关重要；通过国际的比较研究和经验研究，揭示出传统的货币政策在应对金融危机时，常常面临治理危机与谋求发展的时间及其解决路径不一致性的悖论。

1.5.4 货币结构与房地产价格、物价的非线性关系研究

本部分假定货币总量不变，以货币结构为切入点研究了货币冲击后房地产价格和物价不同步上涨的原因。通过刻画货币结构的时间和空间两个维度，构建货币的资产化比率和非实体化比率两个指标，并运用门限模型和 VAR 模型对中国的货币结构与房地产价格、物价之间的非线性关系进行了实证分析，论证在不同的货币结构下，货币量对各类价格冲击影响的速度、力度都不相同的。在货币结构的时间维度方面，较高的货币资产化比率会显著推动房地产价

格上涨，较易出现资产型通货膨胀；而较低的货币资产化比率拉动一般物价上涨的趋势更明显，较易出现实物型通货膨胀。在货币结构的空间维度方面，货币的非实体化程度上升使得房地产价格对货币冲击的响应速度快于物价的响应速度，进而使房地产价格的变化传导到物价，出现资产型通货膨胀与实物型通货膨胀的并发。

1.5.5　治理资产型通货膨胀的货币政策框架

本部分作为研究的落脚点，探索建立应对资产型通货膨胀的货币政策框架，着重从五方面展开：一是构建包含房地产价格在内的动态核心 CPI 指数，力图解决中国货币政策决策与效果评价中的理论和实践难题；二是以更均匀的货币政策反应周期为支柱，调整货币政策的预警和监测体系，兼顾数量型政策工具与价格型政策工具；三是以功能性改革和宏观审慎监管为辅翼，平衡金融稳定与经济增长之间的关系；四是推进房地产价格软着陆，更多地采用选择性政策工具，组合搭配货币政策与财政政策；五是加强国际合作，推动更具约束力的合作机制，共同应对资产价格泡沫。

1.6　研究方法

本研究采用定性分析和定量分析相结合、逻辑分析和历史研究相结合、规范研究与实证研究相结合、静态考察与动态考察相结合的研究方法，对资产型通货膨胀和货币政策的应对问题进行全面研究。

1.6.1　并重理论模型分析与逻辑推演

在对微观方程进行设定时，需要以经济主体的最优行为决策理论为基础；在分析公众通胀预期对货币政策的影响时，就需要借鉴博弈论的分析框架；在对货币政策进行分析时，将新凯恩斯模型作为标准，同时结合后顾性和前瞻性的特点。

1.6.2　综合运用各种计量分析和模拟分析方法

采用 VAR 模型分析法考察货币冲击对实体经济与虚拟经济的不同影响，同时也考虑房地产价格对其的反馈作用，在 VAR 分析的基础上，应用脉冲响应分析法来洞察上述变量之间的长、短期关系。在实证研究中国货币结构与不同类型价格的非线性关系时，对于长期均衡方程，采用门限模型估计出两个不同的阈值；对短期动态调整方程，将借助 VAR 方法对短期动态调整机制进行估计。在解析资产型通货膨胀产生的不同因素贡献大小时，使用协整 VAR 分析和方差分解方法来模拟反映各种冲击的影响，并运用动态因子法构建包含房地产价格的动态核心 CPI。

1.6.3   注重案例分析和比较研究方法

通过对近二十年数次金融危机之后美国、日本、中国等国家所经历的资产价格极度膨胀产生的"泡沫经济"进行案例研究、比较分析和归纳演绎，拓清危机后货币超发对房地产价格超调的动态"加速器"效应，诠释房地产价格超调产生的原因及其与通胀预期关系的地区（国别）差异。

1.7   创新之处

1.7.1   研究视角独特

一是在理论上打通了宏观货币理论与微观金融理论的内在联系渠道，扩展了现有货币政策的研究范式。不同资产价格和一般消费价格水平的频繁波动和互相影响加剧了货币供给对实体经济增长影响的不确定性。本书一方面将资产价格的变化纳入货币理论体系，跳出汇率体制、信贷政策、货币供应机制等传统宏观经济分析范围，重新论证通货膨胀的理论及其治理对策；另一方面研究资产价格变化中的货币因素，探讨并揭示货币理论与资产价格理论的关联性，在理论上打通宏观货币理论与微观金融理论的内在联系渠道。

二是提出防范货币政策引致金融危机的新观点。通过论证货币政策本身也是产生资产泡沫的因素之一，本书将突破传统的货币政策理论框架，从国际经验出发，研究中央银行货币政策是如何催生潜在的泡沫和金融危机的，探求资产型通货膨胀产生的货币原动力，进而提出防范政策扰动的建议。

1.7.2   研究内容系统

当前对于房地产价格超调影响通货膨胀这一新近产生的经济现象尚未得到系统研究。本书扩展现有货币政策研究框架，从历次重大金融危机的源头——资产泡沫的争议着手，将心理因素、不完全信息、博弈行为等导致资产泡沫的微观因素引入货币政策调控的分析中，将房地产价格冲击内生化，力图廓清微观因素内生中央银行信誉悖论的理论逻辑，探讨货币政策应对资产型通货膨胀的新思路。同时，通过构建具有中国特色的一般均衡模型，深入分析货币、房地产价格与通货膨胀之间的传递机理和动态效应，建立中国防治资产型通货膨胀的监测和预警指标，为政策实践提供系统依据和参考。

1.7.3 研究方法创新

现有文献的研究方法存在着不少局限：Granger 因果检验的结论对滞后项的选择非常敏感；方差分解方法对 VAR 模型的结构存在着先验的主观判断；SVAR 方法经常又因变量排序的不同而使结论发生显著地变化；现有的 DSGE 建模也未考虑资产价格等微观因素。本书运用引入房地产价格变量的门限模型，较好地拟合了宏观经济波动和微观预期行为，为构建具有中国特色的通货膨胀管理体系提供了有效的分析工具。

2

资产型通货膨胀与
货币政策范式转变：文献综述

　　货币与资产价格的充分相互交融，使我们从货币存量的视角解析资产价格膨胀成为可能。货币政策旨在从根本上减缓资产泡沫形成的根源，并以此为切入点协调经济发展与金融稳定，实现货币政策目标。因此，从货币政策的视角研究资产型通货膨胀的防治，首先要厘清资产型通货膨胀的产生背景，它有别于传统意义通货膨胀的特点在哪？其次，理解资产价格与通货膨胀的关系，资产型通货膨胀的产生机理是怎样的？再次，什么因素促成了资产型通货膨胀的形成与发展，尤其是预期及货币在其中起到什么样的推波助澜的作用？最后，如何通过改进传统货币政策的范式，建立新的应对资产型通货膨胀的货币政策新框架以实现货币政策的目标？本章拟以上述问题为导向，从四个方面对与资产型通货膨胀相关的文献进行梳理，力图在对现实及其发展中的各种现象的内在联系进行说明和客观分析的基础上，描绘出防范资产型通货膨胀的货币政策范式改革图景，并展望未来研究面临的挑战。

2.1　资产型通货膨胀的特点

　　过去 20 年来，各国中央银行银行已经相当成功地抑制住了一般物价水平的上涨，但另一方面，伴随着全球性流动性的膨胀，又出现了多种资产价格的大幅波动。一个值得研究的现象是，20 世纪 80 年代后期日本的"泡沫经济"和 21 世纪初以来美国的资产价格膨胀恰恰出现在一般价格水平比较稳定的环境中。很多经济学家认为，低通胀与高资产价格的同时出现并非偶然（IMF，2002；Filardo，2001；Borio and Lowe，2002），BIS 的经济学家波利奥甚至给这种现象取名为"中央银行信誉悖论"（paradox of central bank credibility），认为正是由于中央银行成功获得了反通胀的声誉，通胀的压力才从商品和劳务领域转移到资产领域，最终增加了金融体系的脆弱性（Borio，2006）。资产价格的持续上涨发生在消费物价下降和宏观经济稳定的环境中，暴露出货币政策面临的新问题：稳定物价和稳定金融体系的悖论。因此"资产型通货膨胀"成为金融危机后货币政策悖论的重要产物。

大多数经济学家都认为通货膨胀在本质上是一种货币现象，即由过多的货币追逐不足的商品而形成。商品可以分为消费品和投资品，由于消费品与生活直接相关，人们习惯于用消费物价指数 CPI 来衡量通货膨胀（伍志文等，2003）。但在全球金融去杠杆化过程中，为解决注入流动性和处理困难机构采取的救助措施并没有从根本上恢复市场信心，反而刺激了资产价格上涨，强化了公众的通胀预期，反过来促使资产价格进一步上涨，随着通胀预期"反身性"的加剧，形成资产价格与通胀预期螺旋互动（Claus Greiber and Ralph Setzer，2007）。于是近年来的价格上涨没有反映到消费价格指数（CPI）上，而主要是在资产类价格的普遍上涨中得以释放（于学军，2007）。当我们把巨额货币存量和通胀预期刺激下的资产价格普遍上涨这两个现象结合起来考虑，就可以得出"资产型通货膨胀"这个新概念，即货币量过多的反映更多地体现在资产类物品（如房屋、保值品、股票等）的价格上涨中。反过来说，长期普遍的资产价格泡沫也是通货膨胀的反映之一，当然其成因、影响、背景、环境和治理都与实物型通货膨胀有所不同，其中通胀预期起到了重要的推动作用。

德国总理默克尔将货币供应远超经济增长的现象形容为"货币喷射"（monetary emissions），而周其仁（2009）在援引货币主义大师弗里德曼的通胀理论时用"货币似蜜"解释资产型通货膨胀产生的根本原因：新增的货币投放到经济与市场后，像具有黏度的液体如蜂蜜一般，以不同的速度在不同种类的资产或商品之间"漫游"，结果在一定时间内，改变了不同种类的资产或商品之间的相对价格。所以，最早发明此说的哈耶克（V. Hayek）以及奥地利学派，更强调通货膨胀具有"流体均衡"（a fluid equilibrium）的性质，认为过量货币在经济体内游走，所到之处摩擦力不同，因此能够暂时改变资产与商品的相对价格，并刺激投资、消费行为的改变。如果是在一个既定的货币量状态，资产价格上涨越是厉害，越会挤压其他消费领域的货币流量，甚至会使其他领域的物价更加降低（Belke，Orth and Setzer，2010）。因此，资产价格上涨与货币供应及其他物价变化之间有密切的关系，中央银行必须关注资产价格变化的原因。仲大军（2009）认为，这种现象与日本20世纪80年代及美国最近几年的情况很相似，资本市场和房地产市场价格大涨，但消费物价不涨，这就是资产型通货膨胀的特点。

通常的通货膨胀定义将"物价上涨"和"货币相对贬值"连带在一起。但是，货币主义者和奥地利经济学派都认为，通货膨胀就是货币发多了，而物价上涨只是其结果——这才是通货膨胀的应有之义。但是通货膨胀为什么还没有导致物价全面上涨？Shiratsuka（2000）将物价稳定的观点归纳为两类："可计量的物价稳定"（measured priee stability）和"可持续的物价稳定"（sustainable price stability）。"可计量的物价稳定"强调在某一特定时点上通过特定物价指数将通货膨胀率维持在某一特定水平上的重要性。而"可持续的物价稳定"则认为价格稳定是经济可持续增长的一个重要基础。Shiratsuka在文中强调，"可计量的物价稳定"与"可持续的物价稳定"并不总是保持在可支持经济在中长期内可持续增长的一致水平上的。从这一观点出发，货币政策的目标应该是追求可以支持经济在中长期内可持续增长的"可持续的物价稳定"，而不是追求在某一特定时点上将物价水平维持在特定水平上的"可计量的物价稳定"。因而，央行在运用货币政策对房地产市场进行调控时，需要判断目前房地产价格水平是否反映了其基础价值的变动，也就是说房地产价格是否能由经济基本面决定的各种条件所解释，如果房地产价格已经不属于"可持续的物价稳定"的范畴，也即泡沫出现，那么央行应立即实行反向的货币政策来抑制泡沫进一步膨胀。

2.2 资产型通货膨胀的产生机理

资产价格和通货膨胀的关系一直是一个充满争论的话题。20世纪20年代的奥地利学派提出，资产价格繁荣更可能出现在一个低而稳定的通货膨胀环境中。现实印证了这一观点，日本资产价格繁荣时CPI几乎接近零，1990年末以CPI衡量的通胀率最高值仅为3.9%，而股价在1985年末到1989年中上升了3倍。美国1925—1930年CPI下降了10%，而信贷和股票价格却急剧上升。

2.2.1 理论研究

长期以来，学者们对资产价格与通货膨胀关系的研究相对薄弱，但也有一些学者敏锐地看到了这一问题并进行过理论探讨，20世纪以来的主要进展反映在以下几个方面。

（一）金融不平衡加剧资产价格的上升

Friedman（1957）在恒久收入理论和 Modigliani（1963）在生命周期理论中都认为，当期消费受到生命周期中各个阶段预期收入的影响，消费的变化将会导致价格变化；Binswanger（1999）的金融窖藏理论表明，大量脱离实体经济而滞留在虚拟经济领域的"金融窖藏"将加速资产价格上涨，导致资产泡沫形成并推动价格水平上升。在此基础上，Broio 和 Lowe（2002）指出，在一国中央银行可信地承诺价格稳定的前提下，金融不平衡会加剧资产价格的上升。即资产价格或者投资的急剧上升导致银行信贷的急剧扩张出现的不平衡，具有乘数放大的作用，从而增加了金融危机和宏观经济不稳定的风险。Goodhaa（2002）在分析日本的经济泡沫和衰退时也持这一观点。

（二）资产价格的投资效应和财富效应带来通货膨胀压力

有学者认为中央银行实行扩张货币政策后，股票价格的上升通过托宾 q 和财富效应增加总需求，最终使产出增加，并带来通货膨胀压力；同时资产价格上升本身也会通过通胀预期和生产成本增加而转化为通胀压力（Lim，2006）。二战后美国经济数据显示：实际股票回报和以 CPI 为主衡量的实物型通货膨胀间存在负向关系。对此很多学者给出了解释，Borio 和 Lowe（2002）认为信贷和资产市场的繁荣与低通货膨胀的共存有以下原因：如稳定计划的成功实施，经济供给面的改善等。另外，货币政策信誉的提高使得通胀率变得对需求压力不很敏感并降低了未来的不确定性，这就使得低通胀和资产价格上升并存。

Fisher（1911）就试图寻找一个含义广泛的交易价格指数来引导货币当局建立金平价，从而使货币当局能够更好地预测通货膨胀走势。他认为在这个价格指数中，资产价格（股票、债券、房地产）应占据重要地位，否则无法准确预测通货膨胀水平；Pigou（1930）提出的"庇古效应"，认为资产价格的变化必然导致消费者需求的变化，在供给不变的情况下，社会总需求的变化会必然影响到一般价格水平的变化；Alchain 和 Klein（1973）通过研究发现，货币当局应该关注资产价格，认为不包含资产的价格指数具有缺陷，它仅仅考虑了当前的消费品价格，要完全衡量生活成本还应包括未来商品价格的变动。考虑到资产价格是对未来收益贴现的这一特征，他们认为资产价格是一个较好的替代品，因此提出了跨期物价指数的概念。

（三）资产价格膨胀的货币激活效应进一步加剧通货膨胀

Kuralbayeva 等（2006）的分析揭示了资产价格膨胀向通货膨胀的传递有别于财富效应的另一种机制，我们将其称为"货币激活效应"，即资产价格膨胀激活了"沉睡"的货币并造成了潜在的通货膨胀压力。由于货币供给结构和货币需求发生了较大变化，货币需求从财富储藏领域向商品交易和资产交易转换，这种变化（即货币激活效应）而非传统的财富效应使得资产价格膨胀向通货膨胀传递。由此可见，资产价格与通货膨胀间关系的复杂性使得 CPI 指标的重要性在降低，货币供给量增加并不意味着 CPI 一定会上涨，货币紧缩也不一定会导致 CPI 降低。在考虑到资产价格后，货币在资产市场和商品市场的流动变得越来越迅捷，资产价格和商品价格关系也越来越复杂（见图 2 - 1）。

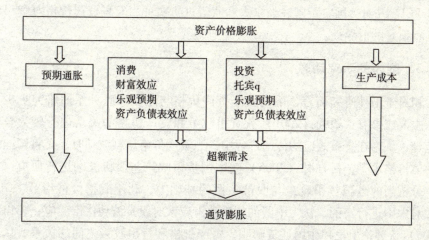

资料来源：李强：《资产价格与通货膨胀——基于中国特征事实的研究》，社科院世界经济与政治研究所国际金融研究中心工作论文．2008. No. 0810。

图 2 - 1　资产价格膨胀向通胀传递机制示意图

2.2.2　经验研究

长期以来，国外对资产价格和通货膨胀的关系也进行了大量经验研究。主要有：Smets（1997）认为未预期到的资产价格波动可以影响通货膨胀预期，因此资产价格可以直接影响总需求，同时，资产价格受未来收入的影响，而未来收入又对通货膨胀和货币政策的预期产生影响，因此资产价格波动必然包含了未来经济的相关信息；Kent 和 Lowe（1997）提出一个考虑资产价格上涨与下跌时对商品与服务价格的不对称性影响的简单模型，研究发现，资产价格上涨会通过财富效应产生通货膨胀压力，因此资产价格上涨时，中央银行应该关注其对未来通货膨胀的影响；Shuarsuka（1999）运用不同的结构 VAR 模型研究资产价格与通货膨胀的关系，他认为资产价格的波动包含有未来通货膨胀的特有信息，资产价格能够对通货膨胀进行先期预警；Torsten 等（2000）对 6

个转型国家的研究发现，这些国家的资产价格（实际股票收益率、实际短期利率和实际汇率）对经济变化具有显著的信号功能；Goodhart 和 Hofmann（2000，2001，2002）构建了包含短期利率、汇率、房地产价格和股票价格的金融状况指数 FCI（Financial Condition Index），并利用模型对 G7 国家进行了实证，研究发现 FCI 对这些国家的 CPI 具有良好的预测能力，在运用加拿大的数据进行分析时，发现房地产价格甚至比汇率对产出缺口的影响更大；Alberto 和 Oreste（2005）对 GDP 缺口、汇率、利率、房地产价格、CPI 和股票价格构建了 FCI，并对美国、英国、加拿大和欧盟进行实证，发现资产价格对货币政策具有很好的前导性。

2.2.3　国内的研究动态

相对于国外研究而言，国内关于资产价格与通货膨胀关系的研究更少一些，主要成果有：瞿强（2001）就货币政策和资产价格的关系进行较为全面的梳理，认为在货币效应的传递过程中，当资产价格急剧波动时，必将影响社会整体价格水平；吕江林（2005）就中国货币政策与股价波动进行研究，在比较分析当前各国货币政策与股价关系的基础上，利用股指价格指数、GDP 指数对中国进行实证，认为中国的货币政策应该对股价波动作出反应；郭田勇（2006）从理论上论述中国通货膨胀、资产价格和货币政策之间的关系，认为资产价格在理论上能够影响货币政策，并构造了动态价格指数，论证了该指数从理论上是可行的，但要将其付诸实践却相当困难。

在经验分析方面的进展主要有：范志勇（2006）基于季度数据对汇率的传递作用进行了分析，发现汇率对价格水平不显著，短期内汇率与价格水平呈负相关，但这种关系很快消失；吕剑（2007）运用月度数据发现汇率对价格具有正向作用，即汇率升值将产生通胀，但持续的时间很短；陈六傅、刘厚俊（2007）认为汇率对价格虽然显著，但影响程度非常低，其结论与 Tryon（2003）相似，即汇率与通货膨胀正相关；王虎（2008）运用股票指数、CPI、WPI 指数和向量自回归模型进行了实证，研究发现中国的资产价格能够对将来的 CPI、WPI 产生影响，因此中国货币当局应该关注资产价格波动，将资产价格作为通货膨胀的指示器；戴国强、张建华（2009）运用包含资产价格的金融状况指数对通货膨胀进行预测，该指数能够对通货膨胀作出及时和有效的估计，由此，他们建议中央银行在实施货币政策时，应该关注资产价格对通货膨胀的影响。

可见，国内已有研究具有如下特点：

首先，在对资产价格与通货膨胀问题的研究过程中，他们更多的只是指出通货膨胀与资产价格的关系，对资产价格和通货膨胀关系进行经验分析的不多。

其次，在研究过程中，对资产内涵或定义把握较好，将股票价格、汇率价格、房地产价格及金融衍生品价格都涵盖其中。但实际操作中，基本上将股票作为代表，来考虑资产价格与通货膨胀关系。根据资产价格影响物价的途径可知，资产价格波动将通过投资 q 效应、财富效用、资产负债表等效用影响社会总需求，进而影响通货膨胀水平，因此本研究认为应该将研究的对象作出更精确的界定。考虑到房地产价格对产出的需求效用和成本的推动效用以及对通货膨胀的影响，本研究试图尽可能探讨通货膨胀与房地产价格的关系。

2.3 资产型通货膨胀的促成因素：货币及流动性的作用

2.3.1 增强的看涨预期

西方对这一问题的研究思路从资产价格的变动对未来通胀的影响展开，探讨资产价格波动与通胀预期之间的稳定关系。持续的经济高增长使人们对经济所呈现的繁荣抱着过度乐观的情绪，这种过度乐观的情绪被称为"增强的看涨预期"（Okina，Shirakawa and Shiratsuka，2001），它进一步加快了银行信贷扩张和资产价格的暴涨。

对于日本泡沫出现和扩张的机制，Okina、Shirakawa 和 Shiratsuka（2001）的研究认为"增强的看涨预期"（intensified bullish expectations）是最主要的原因，这些因素表现为：金融机构的过度借贷行为，金融放松管制，金融机构不充足的风险管理，长时间宽松的货币政策，促进土地价格加速上升的税收和管制的偏向，过度乐观的情绪等。这些因素相互作用，无法分离出哪一个单一的因素能够说明日本泡沫经济的出现和扩大。泡沫是这些因素相互作用的共同结果，就像化学反应那样，这一化学反应的过程就是"增强的看涨预期"。而在这一过程中货币供给和信贷的急剧膨胀则是引擎和推动力，即市场对流动性的需求和银行对这一需求的满足使得这一反应过程得以实现、强化和巩固。

因此，卢宝梅（2008）认为日本 20 世纪 80—90 年代持续宽松的货币政策使市场上沉淀了过多的流动性，人们把过多的流动性转移到缺乏流动性的资产上，以期获取高收益，这些过多的流动性追逐房地产、股票等资产，从而引起了资产价格急剧上升；而资产价格的急剧上升带来的财富效应又进一步推动了商品市场价格水平的普遍上涨。在这一过程中，人们对经济的未来预期起了关键的作用。在低物价水平下，现期消费变得便宜，未来消费变得更加昂贵，预期资产的未来收益率上升，人们就会把现期的消费推迟到未来消费，这时缺乏流动性的资产需求上升，资产价格上升。显然资产价格上升是人们调整现期消费和未来消费，调整资产组合的结果，是内生性的。而这一资产替代的引擎和推动力是市场中沉淀起来的过多的流动性，价格稳定条件下宽松的货币政策在资产价格的上升中起了推波助澜的作用。同时，当出现资产价格泡沫时宽松的货币政策紧缩速度较慢，导致了对经济的破坏性作用增强。

另外还有学者认为货币原动力（monetary dynamics）与资产价格（以房地产价格为例）之间的多重关系可能是存在的。比如，房地产价格上涨引起货币需求提高，因为家庭净财富随着房屋交易量和基建量的增大而增加（Greiber and Setzer，2007）。另一方面，两者的相互关系也可由货币量变化传导到住房市场，例如扩张性的货币政策提供流动性过多，会带来资产的膨胀（asset inflation）（Oikarinen，2008）。此外，住房市场的发展对银行的信贷行为有重要影响，从而房地产价格与货币量之间的因果关系表现为双向的，导致一种"加速器效应"（accelerator effect）（Belke，Orth and Setzer，2010）。因此，资产型通胀与货币之间的关系可以通过货币政策的"资产型通胀渠道"（asset inflation channel）来实现。扩张性货币政策在繁荣房地产市场的同时，也导致房地产价格轮番上涨，如果经济主体受制于"货币幻觉"（money illusion）（Brunnermeier and Julliard，2006），这一效应就更显著了。

Filardo（2000）以及 Borio 和 Lowe（2002）将货币及预期的作用机制归结为三方面。第一，由于中央银行成功抑制了通胀，在低通胀期间，货币政策可信度上升，经济主体的通胀预期下降，更倾向于订立各种长期经济合约；这样通胀对未来一段时期内的需求增加的敏感性下降，价格刚性增加，企业利润增加，这一点在经济小于充分就业水平时更容易出现。总之，整个经济的不确定性降低了。第二，由于预期的改善，经济活动日渐活跃，如果再伴随生产力的提高，经济主体对当前和未来的企业盈利从稳定的预期逐渐变成过于乐观的预期，而且预期货币当局不会提高利率，因而经济会持续扩张，并愿意承担更多的风险；推动资产价格的上升。第三，在低通胀期间，名义利率较低，经济主体由于"货币幻觉"，在短期内误认为实际利率在下降，因而引发大量借贷，扩大利用银行信贷进行投资活动的机会。

2.3.2 内生的流动性推动

（一）流动性与资产价格：相关还是不相关？

Bark 和 Kramer（1999）将流动性区分为"市场流动性"和"货币流动性"，并提出了货币流动性先于市场流动性的观点。

国外学者对于流动性是否影响资产价格没有达成共识。如：Mohall（1992）认为货币增长率与资产真实回报相关；Bark 和 Kramer（1999）用 G-7 数据证明了过度的流动性会导致资产价格的升高，甚至有国际溢出效应；Ferguson（2003）发现美国股票的真实回报与 M3 的增长率基本没有相关性，当然，他也提出缺乏中长期正相关性的证据可能是由于股票价格波动性太大，或者需要有更好的流动性度量方法来找出流动性对股价的潜在影响。

另一方面，近年来也有不少国内学者的研究发现过剩的流动性与资产价格上涨之间的高度相关性。李治国（2007）认为货币政策的多重任务性影响着中国货币供给的形成过程，基础货币调整与货币乘数变动同时出现失衡是导致资金流动性过剩的原因。而任碧云、王越凤（2007）则认为流动性过剩描述的是由于中央银行过于宽松的货币政策而出现的经济态势，表现为资产价格上升、经济活动中货币充沛等一系列现象，他们在格兰杰因果检验的基础上认为存贷差、外汇占款和 M_1 与 M_2 的差额不断拉大均不是流动性过剩的原因，流动性过剩是由货币政策没有及时对经济发展出现的变化作出反应造成的。刘洁、蔡允革、汪明文（2008）通过对日本流动性过剩与货币政策间的关系进行实证研究，发现货币政策在应对流动性过剩的问题上缺乏足够的有效性，货币政策能够在一定程度上调节流动性。钱小安（2007）从理论上分析了流动性过剩导致资产价格泡沫的机制，即通过流动性偏好、货币幻觉、交易驱动、财富效应，由此投资者的行为具有与其他正常条件下有所不同的特征。流动性过剩的不断加剧，会使投资者持有资产的货币度量有所上升，交易行为趋于频繁，社会和个人财富不断提升，共同推动资产价格的上升，最终会形成资产价格的泡沫。北京大学中国经济研究中心宏观组（2008）采用超额货币供给这一指标，证明了超额的货币流动性不仅影响资产的名义回报还影响资产的真实回报这一结论。从反应曲线均值上看，货币流动性对股票的真实回报的影响具有可持续的正向影响；货币流动性在长期内受到股票真实回报的反作用，但其影响的大小可能是极其有限的。贺晨（2009）运用一个简化的内生货币经济模型描述了商品房价格与货币供应量的关系，指出了中国房地产价格和货币供应量互相推动变化的关系，并使用计量经济学的协整检验和 Granger 非因果性检验验证了模型的结论。

在宏观经济中，过剩的流动性通常只能通过两个渠道吸收，一个是出现通货膨胀，另一个是提高资产价格（陈向阳、杜影雪，2009）。流动性追逐商品，商品的价格将上涨，流动性追逐资产，资产价格将上涨。由于近年来中国CPI指数一直保持低位增长态势，流动性创造出"高增长、低通胀"的局面，过剩的流动性直接进入了资本市场和房地产市场等虚拟经济部门。资产价格的非理性上涨即不可避免，增加了实体经济和资产市场的运行风险。股票、房地产等资产价格的上涨和交易量的增加对流动性起到了分流作用，因而没有引发一般物价水平的明显上涨。由于中国统计CPI指数并未将房地产价格和股票价格等包括在内，所以仅从CPI来看，中国保持了一种高增长、低通胀的状态。但如果将房地产等资产价格考虑在内，中国的物价水平事实上是有了很大幅度的上涨。

尽管过剩的货币流动性会导致资产价格升高的观点在理论界基本达成了共识，但是流动性与资产价格背后的关系是极为复杂的，也许不能完全用数据关系来说明。货币流动性导致资产真实价格变化究竟是通过资金分配导致的资源重新配置，还是通货膨胀引起资产组合结构的调整，抑或是共同的经济向好的因素的驱动，都值得进一步的探讨。

（二）货币虚拟化和货币化的推波助澜

货币虚拟化是从货币职能的角度进行定义的，具体又分为广义和狭义两个层次。广义的货币虚拟化是相对于货币化而言的，是指货币日益脱离传统物质生产领域，货币日益与传统商品交易相分离，游离于实物商品交易之外，更多参与股票等金融商品的交易和作为一种财富储存手段而存在的状态。狭义的货币虚拟化相当于金融化，是指虚拟资产的货币化，货币作为交易媒介日益脱离于实体经济部门的商品交易，货币更多地参与金融资产交易。这种金融资产的囤积（financial hoarding），通过货币的实际余额效应和间接作用降低了实物型通货膨胀的压力，促进了房地产等资产价格的上涨（Belke et al.，2008）。在发展中国家，一些实证研究验证了通常先是货币化进程的推动，而后是货币虚拟化助推的作用，如鞠方等（2008）通过地产价格与货币政策、利率政策、信贷波动及股价之间的相关检验研究发现，目前中国尚处于狭义货币虚拟化阶段或货币虚拟化的初级阶段。中国房地产价格上涨和货币化进程存在显著的正相关关系，货币化假说对房地产泡沫具有一定的解释能力；王擎、韩鑫韬（2009）建立了研究房地产价格与货币供应量和经济增长的波动关系的多元MGARCH-BEKK模型，以及研究房地产价格与货币供应量的波动对经济增长速度的影响的 GARCH 均值方程模型，实证结果表明货币供应量增长率与房地产价格增长率的联动变化非常剧烈。

货币化和货币虚拟化过程为房地产泡沫的出现提供了理论可能性，它本身并不必然导致房地产的泡沫化趋势，问题的关键在于中国货币虚拟化过程出现了问题，集中体现为大量非交易性货币积聚在房地产市场，这是导致房地产泡沫严重化和普遍化的直接原因。大量资金从实业投资流向股市等虚拟经济部门，在股市不景气的情况下，大量的资金从股市流入房地产市场，虚拟经济部门和实体经济部门发展相脱离。越来越多的货币开始游离于商品交易市场之外，正如 Tobin（1984）所说：金融市场上的许多证券交易与将家庭储蓄转移到公司的业务投资几乎没有什么关系。这种金融资产的囤积（financial hoarding），降低了通货膨胀压力，促进了房地产等资产价格的上涨。贺建清（2009）在房价指数 HP、广义货币 M_2、外汇储备 F、汇率 E、居民消费价格指数 CPI 之间建立多元回归模型，进行协整分析、格兰杰因果检验来研究流动性过剩与房地产泡沫的关系问题。从协整检验和因果检验得知，ΔM_2 是 ΔHP 的格兰杰原因。其中的渠道主要有三种：第一，货币量通过货币的实际余额效应对房地产价格施加影响。其次，货币供给还可以通过影响股票、债券等金融资产的价格，来影响消费者的实际净财富，增加消费需求，最终拉动住宅消费，推动房地产价格上涨。再次，货币量可间接作用于房地产价格。在货币量的增长速度高于 GDP 的增长速度的条件下，会导致 CPI、PPI 快速上升，从而推动HP 攀升。货币供应量增加会推动原材料、人工等价格的上升，增加房地产的开发成本，推动房地产价格的上涨。李健、邓瑛（2011）针对美国、日本、中国三个国家的典型房地产价格泡沫积聚时期的数据进行实证比较分析，结果表明推动房地产价格上涨的实体因素不足，最重要的还是货币因素推动。徐忠等（2012）利用中国 2005—2011 年的数据，通过实证分析发现，中国的流动性对房地产价格和通胀影响显著，从而货币的推波助澜作用得到了肯定。

（三）内生的流动性假说

Roach（2007）认为，在发达国家，央行的货币政策能影响的流动性规模非常有限，大部分流动性都是市场内生。在监管机构默许下，最近十几年来全球流动性有了急剧扩张。以美国为例，从 1990 年到 2006 年，央行所能有效控制的高能货币与广义货币只占全部流动性的 7%，其余 93% 的流动性是市场内生（Roche et. al, 2007）。

20 世纪 20 年代，以 Mises、Hayek 为代表的奥地利学派经济学家就曾指出，无论资产价格繁荣的基础因素是什么，如果货币政策被动地允许银行信用扩张点燃资产价格繁荣，那么资产价格繁荣就转化为资产价格泡沫，如1929—1933 年的经济大危机就是对 20 年代错误分配的信贷和过度投资的修正。国际清算银行（BIS, 2004）也支持这一观点并坚持，除非政策制定者采取措施平抑资产价格繁荣，金融市场繁荣的崩溃就不可避免会发生，并会反过来引起经济活动的衰退。他们指出 1923—1929 年美国资产价格暴涨以及之后的经济大衰退是美联储实施宽松的货币政策和银行信贷超常增长的结果。

因此，一方面，央行无法直接控制内生流动性的规模。市场流动性主要是市场通过金融创新内生货币的，央行只能通过利率间接影响，其效果取决于市场结构本身，从而这部分流动性相对独立于央行（刘光溪, 2009）。另一方面，内生流动性让央行的货币政策失效和滞后。由于内生流动性导致资金价格对利率不敏感，央行政策利率变动后无法有效传导，从而无法实现对资产价格的调整（Adalid et al., 2007）。这两方面都使过多的流动性直接冲击国内金融的需求结构，导致金融不平衡，于是就出现了资产价格和一般价格总水平轮番上涨。

2.4　如何建立应对资产型通货膨胀的货币政策新框架

一个值得思考的问题是：货币当局应该在事前去阻止资产泡沫破裂，还是在事后采取一些措施。当前的实践中，各国央行似乎更倾向于采取被动型的货币政策，即在资产价格崩溃之后再来对付其后果。但从最近几次金融危机的实践来看，这种做法的成本可能过大，国际货币基金组织近期的一项反事实（counter－factual）研究表明，如果危机前美联储不实行低利率的政策，房地产价格泡沫将得到一定程度的抑制（IMF, 2007）。因此央行也许应事先对资产价格进行一些反应，尤其是对于那些抵押贷款以及各类资产市场较为发达的国家。

目前对于防范资产型通货膨胀的货币政策举措，理论界的政策建议集中在以下三方面。

2.4.1　通过预期管理加强货币政策的有效性

预期管理（managing expectations）的研究最早可追溯至 Barro 和 Gordon（1983），Backus 和 Driffill（1985）等人关于中央银行"承诺"和"谨慎"行为的比较，两种行为分别导致"按规则行事"和"相机抉择"的货币政策。

由于相机抉择带来的"时间不一致性"问题，对规则的承诺可以降低通货膨胀倾向和失信成本，有利于引导形成正确的通胀预期。因此近些年来西方各国货币当局纷纷开始将预期管理视做提高货币政策有效性的重要渠道。Mishkin（2007）认为货币经济学最重要的发展就是认识到预期对于经济运行的重要影响，以及通胀预期对于通货膨胀的推动作用。King（2008）建立了一个标准的宏观经济框架，分析了不完全信誉下的理性预期与货币政策有效性之间的信号博弈，为该问题提供了理论建模的参考。中国在预期管理问题上开展研究较晚，迄今为止尚无学者对此进行理论解析和实证研究，仅有少数学者（张勇，2008；徐亚平，2009；王兰军，2010；等等）做过一些综述性的研究。

2.4.2 利用改进的货币政策规则防范资产型通货膨胀

由于资产型通货膨胀对中央银行的信誉、独立性、透明度及连贯性都提出了极大的挑战（Crowe，2010），货币政策规则的选择就必须在防范通胀和金融稳定之间作出权衡。在目标规则方面，国内外许多学者（Bernanke et al.，1999；夏斌等，2001；Gürkaynak et al.，2006；郭建宝，2008；Walsh，2009）论证过通胀目标制的优点，但是也有部分学者从实施通胀目标制的制度条件和经济条件出发对其适用性提出了质疑（卞志村，2007；张雪兰、徐水安，2008）。西方理论界近几年也提出由"通胀目标制"转变为"价格水平目标制"（price-level targeting）的建议（Nessén and Vesti，2005；Guender，2008；Ambler，2009），由于价格水平目标制允许中央银行在应对资产价格变化方面获得更大灵活性，而不致动摇通胀预期，因此尤其适用于经济疲软而资产价格高涨的局面（Fels，2009）。但前述文献并未对价格水平目标制的适用性进行实证检验。在工具规则方面，实践中通胀目标制大多以"泰勒规则"（Taylor，1993）作为货币政策的反应函数。但标准的泰勒规则及现有改进形式并未能结合资产价格冲击的特殊背景予以扩展，其对潜在泡沫和危机的反应不足可能导致金融失衡加剧（黄飞鸣，2010），Roach（2009）因此建议直接在中央银行的利率规则中加入一个法定的金融稳定目标。如何具体化泰勒规则中的金融稳定目标并提出合理的修正方案是一个值得思考的方向。

2.4.3 编制包括广义 CPI 指数在内的更加全面的指标体系

实际上，很多资产价格，特别是住宅价格的大幅变化，本身就意味着货币币值的改变。有鉴于此，伍戈（2009）认为货币政策应关注更系统性的指标体系，全面监测各类资产价格和流动性状况。从目前来看，有几类指标特别值得关注或监测：一是房地产市场的各类指数（张晓慧，2009）；二是更广义的货币供应量，如 M₃（Liang，2007）；三是货币条件指数（哈继铭等，2009）或金融条件指数；四是金融机构的各种杠杆率指标等（Diewert and Nakamura，2009）。这些指标再加上传统的经济金融指标，将能更加全面地反映现实经济中流动性状况及其对价格水平的影响。而 Alchian 和 Klein（1973），Goodhart（2002），Stephen G. Cecchetti，Hans Genberg 和 Sushil Wadhwani（2002）等著名学者则直接建议中央银行将包括资产价格在内的广义价格指数作为货币政策目标。当前，这种做法的迫切性似乎也在增加。目前理论界主要围绕着这几方面在展开讨论：

（一）价格指数是否应该扩展

第一是支持将资产价格纳入通货膨胀目标的观点。早期的用资产价格来度量通货膨胀的研究可以追溯到 Irving Fisher（1911）。Fisher 的目的是想找到一个较宽的交易价格方法来引导货币当局建立金平价。他考虑的指数数量能够通过汇率（交易）方程最好地反映价格水平，但是 Fisher 很清楚不同的问题需要不同的指数。指数数量是否合理只有在应用时才能被估计；Armen Alchain 和 Benjamin Klein 在《通货膨胀的正确度量》（1973）一文中论证了货币当局应该关注资产价格的观点，由此提出了跨期成本生活指数（Intertemporary Cost of Living Index，ICLI）；Smets（1997）发展了一个简单的结构模型，阐明了未预期到的资产价格波动可以影响通货膨胀预期的两条理由。Kent 和 Lowe（1997）提出了一个考虑资产价格上涨与下跌时对商品与服务价格的不对称性影响的简单模型，认为资产价格的上涨给中央银行一种信号，即私人部门对总体通货膨胀预期更高，这些信息会影响中央银行对未来通胀预期。Cecchetti、Genberg 及 Wadhwani（2002）针对资产价格波动与消费物价上涨之间存在的潜在不稳定性提供了解释。Geromichalos、Licari 和 Lledó（2007）则构建了一个模型论证了货币供应规则与资产价格变动之间的反向关系。

第二是不赞成通货膨胀目标中纳入资产价格的观点。许多经济学家认为：资产价格波动太频繁、幅度太大，它与实际经济行为联系不大；如果中央银行将资产价格纳入通货膨胀目标，将会增加经济的波动性。此外，从经济理论上看，这种做法有违市场效率原则；从技术层面上看，中央银行业缺乏有效的手段（Filardo，2000，2001；Svesson，2003）。Stock 和 Watson（2001）用 168 种经济指标来预测美国一年内的通货膨胀，最后得出的结论是：股票价格与汇率对通货膨胀的预测能力要差于利率；同时发现在七国集团的国家中，没有一个指标能够可靠地预测未来的通货膨胀；由此对 Cecchetti 等人能够从资产价格波动中获取有关通货膨胀的信息表示怀疑。Bernanke 和 Gentler（1999，2001）在泰勒规则（Taylor ruler）的基础上提供一个较为详尽的存在金融加速因子的新凯恩斯主义模型。他们认为：虽然将资产价格纳入货币政策规则中是有一些收益，但是只包括产出与预期通货膨胀的货币政策规则所得收益已经涵盖了包括资产价格的货币政策规则的绝大部分收益；货币当局不应对资产价格波动作出反应，那种认为货币当局能够预测通货膨胀、货币当局有能力盯住通货膨胀的假设过于牵强。Gilchrist 和 Leahy（2002）在 Bernanke–Gentler 模型的基础上建立了一个新的模型，最后得出，资产价格并不包含预测通货膨胀的有价值的信息，尽管资产价格影响宏观经济的渠道重要而又令人感兴趣。

（二）资产价格能否预测通胀

许多人赞成扩展通胀的测量范围以包含资产价格，并不是因为它们能衡量生活成本或通胀成本，而是因为它们能够预测 CPI 的未来变动。费雪认为货币供给的增加首先会表现为资产价格的上升，只是在后来才反映到消费品的价格上。这个观点近来被《经济学家》杂志、Goodhart 和 Hofmann（2000）所接受。

资产价格能预示通胀吗？就股票价格而言，似乎只有很少的证据能证明股票价格能够预示通胀。房地产价格方面，由于 80 年代日本和英国的不动产膨胀先行于通货膨胀的事实，使得房地产价格中的利率受到激励。张晓慧（2009）的研究认为，由于资产价格对经济运行和公众预期变化更为敏感，资产价格持续上涨可以作为一种判断流动性过剩的早期和直观预警。从操作的可行性上看，考虑到房地产价格相对稳定，且与经济周期变化较为吻合，也可首先探索将房地产价格变动纳入整体物价指数中来。古德哈特和霍夫曼（2000）发现有 12 个国家的房地产价格进入了 PI。然而，Cecchetti（2000）和 Filardo（2000）发现，尽管房产与未来通胀相关，但房产包含的信息并不能显著提高通胀预测的绩效。Smion 和 Leahy（2002）的研究也表明，虽然房地产价格在统计上具有显著性，但它们传递的信息有限，而且信息类型与支持者所希望的不同。

由此可见，资产价格不能提供更多关于产出和通胀的额外信息。但这并不意味着它们与产出和通胀不相关。绝大多数的资产价格是与产出和通胀相关的。除了滞后的产出和消费产出比率外，它们只是不能提供更多的信息。正如 Woodford（1994）所言，虽然一项指标在预测方程式中作用贫乏，但它还是有价值的。实际上，资产价格难以预测通胀的结果是可以预期到的。因为如果政策制定者使用某项指标包含的信息，并予以政策对应，那么这个指标可能就失去一些预测力。由于这一点，我们不能仅仅就回归的结果妄下结论。重要的是要考虑资产价格与经济活动关系的结构模型。

（三）构建广义 CPI 指数的实证支持

尽管国内外对于货币政策的目标是否要扩展到包含资产价格在内的广义 CPI 的理论争论一直不断，许多经验分析和当局的实践经验却为这一问题提供了越来越多的支持。世界银行首席经济学家林毅夫认为，各国央行在制定货币政策时，不仅要关注消费物价指数，也要关注股市和资产价格，以防止金融危机卷土重来。国际清算银行（BIS）也指出，近年来商品价格持续不断上涨，削弱了标题通胀率和核心通胀率之间的联系。过去三年，欧元区在对未来一年通胀的预测方面，标题通胀较核心通胀更为准确；美国自 2003 年中能源价格开始出现上涨趋势以后，标题通胀在一定程度上比核心通胀更好地预测了通货膨胀；而日本定义的核心通胀仍然是比标题通胀更好的通胀预测指标，但这主要与前者包含了石油价格有关。实际上，从实行通胀目标制的经济体来看，包括新西兰、加拿大、英国等越来越多的国家都将通胀目标值由最初的核心 CPI 转变为标题 CPI。英格兰银行钉住的通货膨胀指数为其 12 个月的零售价格指数（Retail Prices Index，RPIX）的变化率，该指数不仅包含传统商品价格变化，同时也包含了房屋抵押贷款的利率变化这样的资产价格相关因素，并且比重在整个价格指数的构成中占到 4.2%。该指标从 20 世纪 90 年代开始使用后取得了较好的实际效果。近期英格兰银行更在考虑开发一个全新加入房地产市场价格修正的价格指数（Housing – Adjusted Retail Prices Index，HARP）作为其货币政策执行时参照的核心通货膨胀指数。而上文的分析也进一步表明，我们似乎有必要更加关注较之标题 CPI 更为广泛的物价变动。特别是在经济全球化程度日益深化的背景下，就似乎没有理由只关注核心通胀。

近年来一些国内学者也就如何构建广义 CPI 指数进行了实证分析，如汪恒（2007）尝试使用中国的数据构建一个用资产价格进行修正的新通货膨胀指数，得到的结果显示，证券资产价格变量由于对自变量影响不显著而退出方程，房地产价格指数显示出对 CPI 有较好的解释度和先行性；王虎（2008）运用股票指数、CPI、WPI 指数和向量自回归模型进行了实证，研究发现中国的资产价格能够对将来的 CPI、WPI 产生影响；戴国强、张建华（2009）运用包含资产价格的金融状况指数对通货膨胀进行预测，该指数能够对通货膨胀作出及时和有效的估计；张磊、邹玲（2009）参考现有理论探索了广义通货膨胀指数的构建，引入资产价格因素对中国的通货膨胀指数进行修正，实证结果显示，在采用规则性货币政策操作范式条件下，经修正后的新指数可以使既定的货币政策更有效；王宇、李季（2012）采用自回归和均值回归方法构造的持续性加权核心通货膨胀指数具有低波动性特征，与总体通货膨胀的动态变化高度相关，无论对判断总体通货膨胀趋势还是对确定货币政策取向，都具有一定的参考价值。

回顾无论是将金融资产价格包含在一般价格指数中的广义通货膨胀指数方面的研究，还是构建专门金融状况指数的研究，从 Alchian 与 Klein（1973）所提出的 ICLI，到 Shibuya（1992）所提出的 DEPI，从 Goodhart 与 Hofmann（2000）所提出的 FCI 再到 Bryan、Cecchetti 与 Sullivan（2005）所提出的 DFI，都存在着理论上和现实操作的困难。因此卢宝梅（2008）提出，从近期看，要控制通货膨胀上升的趋势，中国货币政策的操作除了利率手段之外，还必须加强信贷控制。在利率手段、法定存款准备金率的作用机制有限的情况下，除了采用中央银行对冲操作之外，还应采取有效的结构性调整措施。

2.5 本章小结

本章简要回顾了理论界讨论的货币数量、资产价格上涨和通货膨胀关系的研究进展，梳理了货币政策对这种类型通胀的引致效力、对传统货币政策范式改进的政策建议与争论，以及在实践中货币政策与监管政策应对资产型通胀的一些做法。可以看出，这一领域的研究迄今虽然已取得了一些成果，但是大多集中在政策对策领域，观点比较零散，缺乏系统的理论及对策研究和更为严谨的理论证明。本章整理的内容所涵盖的研究领域至少有以下问题或挑战值得进一步去探讨：

第一，在资产型通货膨胀的产生和界定方面，需要我们从理论的高度重新界定通货膨胀的概念。理论上应当突破将通货膨胀定义为"货币过多、币值下跌所引致的一般物价水平上涨"的框架，将资产价格的变化纳入货币理论体系，重新论证通货膨胀的理论及其治理对策；另一方面研究资产价格变化中的货币因素，探讨并揭示货币理论与资产价格理论的关联性，在理论上打通宏观货币理论与微观金融理论的内在联系渠道。

第二，从资产价格与一般物价关系的研究来看，积累的文献不多，无论是从深度还是广度上都有待于进一步挖掘。尤其是目前的研究并没有考虑到实物型与资产型通货膨胀的差异，在理论体系上缺乏逻辑关系。由于实物商品采用的是成本加成定价的方式，而资产实行的资本化定价方式，两者价格变动的决定因素区别很大,很难将两者纳入一个统一的框架进行分析。可能需要以资产型通货膨胀和实物型通货膨胀的异同点为切入点来进行挖掘,尤其是两种通货膨胀的表现、机理、影响及治理不同,应该将研究的对象尽量多样化,考虑股票、房地产、保值品等资产价格变化以后出现的各种效应对一般物价的影响。

第三,在预期及货币流动性对资产型通货膨胀的促成作用方面,仍存在许多研究挑战。货币政策是否是引致金融危机的一个原因?货币政策本身是否也是产生资产泡沫的因素之一?中央银行货币政策(如格林斯潘对策—伯南克对策)如何催生潜在的泡沫和金融危机?这些都值得我们进一步研究,并且需要从货币需求、货币供给、借贷过程等多方面梳理彼此之间的关系。

第四,现有的应对资产价格变化的货币政策框架的研究亦存在诸多尚待改进之处。综观国内外学者的研究,基本都是通过理论论证和实证检验,说明了货币政策关注资产价格的重要性,但就中央银行应如何关注资产价格缺乏系统的研究和可操作的方案,尤其是传统的货币政策规则缺乏改进与升华,偏重理性预期分析、静态分析、宏观建模及供给冲击(如石油、食品价格上涨)的影响,而忽视了非理性预期分析、动态分析、微观基础及需求冲击(资产价格上涨)的影响。如何实现包含了资产价格在内的价格稳定与金融稳定的高度协调性,消除预期陷阱的自我实现性,增强货币政策的灵活性依然是一个亟待解决的问题。我们更应该拓展研究视野,从宏观调控及政策搭配方面深入探讨,如何实现内部均衡和外部均衡的一致性,在开放经济下,财政政策和货币政策应如何兼顾内外均衡,并根据自身政策搭配的历史演进和现实宏观经济环境变化作出相应调整。

3

实物型通货膨胀和资产型
通货膨胀的异同比较

　　资产价格膨胀引发的金融危机给世人们敲响了警钟，资产价格逐渐成为了各国央行密切关注的目标之一。在新的经济环境下，资产价格的变动对经济的影响日益增强。从广义的角度来看，物价水平的上涨实际上包含了两个部分：一个是社会再生产过程中一般商品价格水平的上涨，可以用消费者价格指数、生产者价格指数和国内生产总值平减指数来衡量，我们称之为实物型通货膨胀；另一个是脱离社会再生产过程的资产的价格上涨，如房价、股价、金价等，我们称之为资产性通货膨胀，关于这一部分价格水平的上涨目前并没有一个成熟的衡量指标。与实物型通货膨胀相比，资产型通货膨胀在经济运行中的表现形式分别是怎样的？资产型通货膨胀和实物型通货膨胀的产生机理，对经济产生影响的传导机制又有何不同？面对两者的影响，货币政策和其他调控手段分别应该作出怎样的反应？本章通过比较资产型通货膨胀和实物型通货膨胀在这几点上的异同，了解其各自的表现形式和特点，有效地对两者进行区分，将有助于制定科学合理的对策，有助于提高宏观调控的有效性。

3.1　实物型通货膨胀和资产型通货膨胀的相同点

3.1.1　产生的本源相同

　　虽然影响通货膨胀的因素是多方面的，但是按照 Friedman（1959）的解释，通货膨胀唯一的原因就是政府发行了过多的货币，通货膨胀不管拥有什么样的形式，其在本质上都只是货币现象。因此，从资产型通货膨胀和实物型通货膨胀的共同原因来看，都是由于货币数量过多，货币贬值引起。

根据马克思货币理论，价格是商品价值的货币表现。在商品和货币这两极中，任何一极发生变动都会引起价格变动：如果是因商品这一极发生了变动，如价值变化或供求变化固然会引起价格波动，但这种波动不属于通货膨胀的范畴；只有当货币这一极发生了变动，如货币价值下跌引起物价上涨才是通货膨胀的概念。因为货币的价值是通过货币购买力表现出来，而货币购买力的大小是通过价格相对表现出来的。因此，只有因货币价值变动而引起的价格上涨才是通货膨胀。也就是说，通货膨胀首先是一个货币问题，不论是消费品价格上涨还是资产价格上涨，都只是一种外在表现而已。

当然，在货币总量既定的情况下，两类通货膨胀之间存在着此消彼长的关系，即"跷跷板效应"。如果货币过多流向资产市场，将引起资产价格上涨，导致资产市场吸纳更多的货币而挤压其他领域的货币量，从而消费品价格上涨受阻甚至下降，则资产型通货膨胀程度加剧；反之，如果货币过多流向商品市场并沉积下来，将拉动消费品价格上升，而资产价格没有明显变化，则形成实物型通货膨胀。

就中国的现实情况来看，图3-1非常清晰地描绘出两种通货膨胀产生的货币原动力：货币供应量的增长率明显高于CPI和房地产价格的上涨率。

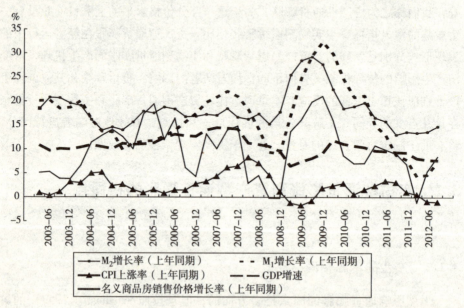

图3-1　货币、GDP、CPI及房地产价格增长率

3.1.2　对经济的终极影响相同

不论是哪种通货膨胀，在其发生的初始阶段，通常表现为短暂的经济繁荣，但经过一段时间的传导，通货膨胀的恶果就开始显露出来。尤其是两类通货膨胀之间既有此消彼长的关系，也存在传递机制。资产型通货膨胀会从虚拟经济领域传导到实体经济领域，导致资产型通货膨胀和实物型通货膨胀并发的后果。所以，从长期来看，实物型通货膨胀和资产型通货膨胀对经济的某些负面影响都是相似的，即对生产、流通、分配和消费都有破坏性作用。

（一）对生产的影响

第一，通货膨胀破坏社会再生产的正常进行，导致生产过程紊乱，它打破原有的商品和劳务供需间的平衡关系，引起生产资料和消费资料的不正常分配；长线、质次产品的生产得以维持，给结构调整带来困难；国民经济的核算、计量、统计工作无法正常进行，不利于产品的交换和再生产的进行。

第二，通货膨胀使生产性投资减少，不利于生产的长期稳定发展。商品价格的上涨使企业的生产成本迅速上升，资金利润率下降，促使原生产领域的资金流向获利高的流通领域和金融市场，最终导致生产投资规模减小，生产萎缩。

（二）对流通的影响

第一，通货膨胀使流通领域原有的平衡被打破，使正常的流通受阻。由于物价上涨不均衡，商品会冲破原有的渠道，向价格上涨快的地方流动，打乱了企业原有的购销渠道，破坏商品的正常流通；与此同时，由于生产投资的获利性下降，又常常导致商品在流通领域反复倒手而不退出流通进入生产的不正常现象。

第二，通货膨胀还会在流通领域制造或加剧供给与需求之间的矛盾。由于人们抢购惜售，投机者又大搞囤积居奇，使本来供需平衡的市场状况变得不平衡。市场供需的不平衡又会反过来推动物价水平进一步上涨，使供需矛盾加剧。

第三，通货膨胀期间，由于币值降低，潜在的货币购买力会不断转化为现实购买力，进一步加大货币供应，同时货币流通速度也会因人们对货币不信任而加快，这就使通货膨胀不断加深，流通领域更加混乱。

（三）对分配的影响

第一，通货膨胀改变了社会成员间原有的收入和财富占有的比例。在通货膨胀条件下，社会各成员的收入水平增长速度不一样，导致原有的收入分配比例被改变。由于物价上涨先于工资的增长，依靠固定工资收入生活的社会成员成为受害者，而那些在流通领域哄抬物价的不法单位和个人反而得到了好处。此外，社会成员的财富占有比例也会因通货膨胀而改变。以实物资产保存财富的社会成员，如果资产的物价上涨率大，则他将成为受益者，反之将成为受害者。而以货币形式保在财富的社会成员都将因货币贬值而成为通货膨胀的受害者。对于那些原来以货币形式负债的人，却由于币值下降减少了他的实际债务而成为受益者。

第二，通货膨胀还使国民收入的初次分配和再分配无法顺利完成。从企业为主的初次分配看，币值的降低使企业的销售收入不真实，企业据此支付工资、提取折旧、企业留利中就有一部分无法换得相应的生活资料和生产资料，影响企业再生产的顺利进行。从财政再分配来看，由于物价上涨，财政分配的货币资金不足以转化为实际物资，财政分配不能在实物形态上得到最终实现。而追加的财政支出又给财政平衡带来困难。从银行融资来看，物价的上涨使银行存款实际利率下降，存款者便减少存款，增加现金的持有。同时企业为保证生产又不断增加对银行贷款的需求，这就使银行信贷资金供需矛盾加剧，严重时甚至可能出现信用危机。

（四）对消费的影响

首先，通货膨胀条件下，物价上涨使人们通过分配所获得的货币投入不能购买到相等的生活消费资料，实际上是减少了居民收入，居民消费水平下降。

其次，通货膨胀造成的市场混乱又加剧了市场供需矛盾，使一般消费者蒙受更大损失。

通过以上分析，可以看出实物型通货膨胀和资产型通货膨胀对经济的危害性是长期的，某些负面影响是相似的，因此都必须坚决加以治理。

3.2　实物型通货膨胀和资产型通货膨胀的区别

3.2.1　两者的反映和表现不同

（一）实物型通货膨胀：CPI 定标

实物型通货膨胀即传统理论中的通货膨胀，只考察了一般商品的范畴，表现为一般商品价格水平的全面上涨。传统的通货膨胀理论通常只关注社会消费品的价格水平变动，以消费者物价指数 CPI 作为物价的衡量指标，并没有包括资产价格水平的变动。因为传统的经济学认为通货膨胀在本质上是一种货币现象，由于货币超发，过多的货币区追逐有限的商品，供求的不平衡造成了物价的上涨。商品可以分为消费品和投资品，由于消费品与生活直接相关，人们更加关注消费品，故习惯于用消费物价指数 CPI 来衡量通货膨胀水平。

（二）资产型通货膨胀：资产价格定标

资产型通货膨胀主要反映在房地产价格、投资品和金融资产价格上，由于近些年过剩经济中实物需求的刚性，导致 CPI 变化并不明显。

在资产型通货膨胀中，资产价格的膨胀和一般性的通货膨胀之间往往并不是同步的。从国际范围来看，过去的十余年来消费品总体上供大于求导致 CPI 持续稳定甚至下降，但同时资产价格急剧上升，波动性越来越大。一般物价的平稳与资产价格的膨胀并存这已经成为一个不容忽视的全球性问题。在过去的 30 年里，由于过度关注通货膨胀水平，一些国家陷入了通货紧缩甚至经济衰退的泥沼，这其中很可能有资产市场价格大幅波动带来的影响。在货币量既定时，资产价格的上涨导致资产市场吸收了更多的货币，较高的收益率是的资产市场膨胀时往往能够挤压其他领域的货币量，从而对其他商品的价格上行产生了阻碍，这可能是资产价格上涨往往伴随着普通商品价格水平平稳的原因。

在中国近 20 年的经济发展过程中，这一特点尤其明显。以股票价格为例，20 世纪 90 年代初期消费者价格指数快速上涨的同时股票价格指数并没有相应的上升；在 90 年代末期，消费者价格指数面对着下行的压力时股票价格指数却表现相对平稳。在房地产价格方面，从 2000 年第一季度至 2003 年第四季度，房地产价格增长率保持了平稳增长的态势，从 2004 年第一季度起，房地产价格增长率经历了一个快速大幅度上涨的过程，至 2004 年第四季度达到 10.8%，之后在宏观调控的作用下，涨幅有所下降，到 2008 年第一季度，房地产价格增长率达到 10.97% 的最高点，之后又开始回落，到 2009 年第一季度降到最低点 -0.6%，此后开始回升。相对于房地产价格的涨幅，通货膨胀率的波动幅度明显较低。从 2000 年第一季度至 2003 年第三季度，通货膨胀率在 -2%~2% 之间波动，于 2004 年第三季度达到最高点 5.27% 后略有回落，但从 2006 年第四季度开始，通货膨胀率出现上升势头，这种势头延续到 2008 年第一季度达到 8%，之后开始回落，在 2009 年第二季度降到 -1.5%，此后又有了上涨势头。因此，2007 年至 2009 年，在股价和房地产价格的大幅波动时，消费者价格指数的运行并没有超出政府的预期范围。从 1996 年至 2012 年中国房地产价格、股票价格指数和 CPI 的相关关系图（见图 3-2）中我们可以看到，资产价格和消费者价格指数之间并没有明显的相关关系。总体来看，

2000 年以来中国房地产价格的上涨产生于一个低通货膨胀的外部环境，随着房地产价格的持续快速上涨，物价水平开始大幅度上涨。如果将视线扩展到其他国家，也有类似的表现。资产价格的剧烈波动往往是在低通胀的情况下发生的，如 20 世纪 80 年代日本资产价格经历了上升和下降的过程，实体经济也遭受了很大的冲击，但一般物价水平变化却不大。因此，这种资本市场和房地产市场快速膨胀和繁荣而消费品物价稳定的现象，成为资产型通货膨胀最重要的反映和表现。

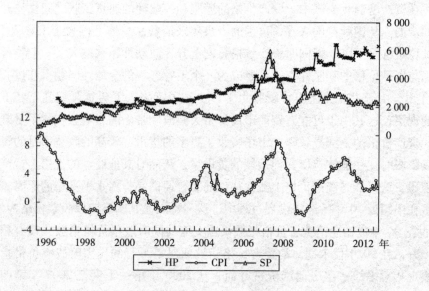

图 3-2　中国房地产价格、股指和 CPI 的变化图（1996—2012 年）

为什么在资产型通货膨胀中，信贷和资产市场的繁荣会与低通货膨胀共存呢？从现有的研究与实际情况来看有以下原因：一是稳定计划的成功实施使经济供给面得到改善；二是货币政策信誉的提高使得通胀率变得对需求压力不很敏感并降低了未来的不确定性，于是出现了低通胀和资产价格上升并存；三是由于消费品和投资品的定价方式不同，也造成消费品价格和资产价格的变化不同步，由于实物商品采用的是成本加成定价的方式，而资产实行的资本化定价方式，导致两者价格变动的决定因素区别很大。此外，就中国的特殊国情而言，资产型通货膨胀的表现还有更复杂的原因，包括：社会结构变迁带来的财富集中导致对资产市场的过度投机；大量产业工人的形成阶段，改革红利刺激务工人员队伍的出现和壮大，带来劳动力价格稳定且处于相对下降，进而导致一般商品价格上涨动力不足而资产价格上涨强劲。

3.2.2 两者的产生原因及机理不同

（一）实物型通货膨胀产生的原因及机理

在过去的 30 年中，实物型通货膨胀受到了人们的高度重视，不少国家的央行甚至实行了通胀目标制，将控制通货膨胀率作为货币政策的首要目标。传统的经济学对实物型通货膨胀的研究也比较透彻，根据其成因的不同包括以下若干机理。

第一，超额需求拉动投资膨胀、消费膨胀和财政赤字。

这一机制下形成的通货膨胀可称为"需求拉动型通货膨胀"，又称为超额需求拉动通货膨胀，或菲利普斯曲线型通货膨胀，由凯恩斯最先提出，其机制为：当总需求超过了总供给，拉开"膨胀性缺口"，造成物价水平普遍持续上涨，即以"过多货币追求过少商品"。

引起需求拉动型通货膨胀的实际因素主要有：（1）国内投资总需求超过国内总储蓄和国外资本流入之和，形成所谓的"投资膨胀"；（2）国内消费总需求超过消费品供给和进口消费品之和，形成所谓的"消费膨胀"；（3）政府财政支出超过财政收入而形成财政赤字，并主要依靠财政透支来弥补，形成所谓的"赤字膨胀"。上述三个因素中任何一个发生作用，在其他条件不变时都会导致总需求与总供给的缺口，这种缺口只能通过物价上涨才能弥合，这就引起了通货膨胀。此外，需求拉动型通货膨胀还可能由货币因素引起。经济学意义上的需求都是指有支付能力的需求。上述实际因素引起的过度需求虽然最初在非金融部门中产生，但若无一定的货币量增长为基础，便不可能形成有支付能力的需求，换言之，过度的需求必然表现为过度的货币需求。从货币因素考虑，需求拉动型通货膨胀可以通过两条途径产生：（1）经济运行对货币需求大大减少，于是，即使货币供应无异常增长，原有货币存量也会相对过多；（2）在货币需求量不变时，货币供应增加过多。一般情况下，后者是货币因素造成需求拉动型通货膨胀的主要因素。

因此，新古典学派根据过度需求形成的机制，将需求拉动型通货膨胀进一步区分为：（1）自发性通货膨胀，由总需求的扩张独立于实际的或预期的成本变动而造成。（2）诱发性通货膨胀，由成本增加带动收入和工资增加，进而导致高消费支出所造成。由于厂家在成本上升时会减少持有的现金余额，或需要更多的银行贷款，因此，这时导致总需求扩张的成本上升，必然与货币供应增加相联系。（3）支持性通货膨胀，表现为政府利用财政政策、货币政策扩大总需求或补偿成本膨胀引起的总需求下降，因此，又称政策性需求拉动型通货膨胀。

第二，供给冲击推动一般价格水平持续显著上涨。

这一机制下形成的通货膨胀可称为"成本推动型通货膨胀"，又称成本通货膨胀或供给通货膨胀，是指在没有超额需求的情况下由于供给方面成本的提高所引起的一般价格水平持续和显著的上涨。

来自供给方面的冲击主要是受国际市场供给价格和数量的变化，农业的丰歉以及劳动生产率变化而造成的"工资推动"或"利润推动"。根据其影响因素，成本推动型通货膨胀可分为三类：（1）工资推进型通货膨胀。这是在总需求不变的条件下，如果工资的提高引起产品单位成本增加，便会导致物价上涨。在物价上涨后，如果工人又要求提高工资，而再度使成本增加，便会导致物价再次上涨。这种循环被称为工资—物价"螺旋"。主要是由于工会或某些非市场因素压力的存在，使工人货币工资增长率超过劳动生产率的增长。（2）利润推进型通货膨胀。这是由于寡头企业和垄断企业为保持或提高其利润水平，维持市场的垄断地位，单方面提高商品价格，从而导致价格总水平上升。最为典型的是 1973—1974 年，石油输出国组织（OPEC）历史性地将石油价格提高了 4 倍，到 1979 年，石油价格又被再一次提高，引发"石油危机"。（3）进口或出口推动型通货膨胀。这主要是进口品价格上涨，特别是进口原材料价格上涨引起通货膨胀。此外，如果出口猛增，使国内市场产品不足，也能引起物价上涨和通货膨胀。

第三，结构性因素带来的成本上升推动一般物价水平持续上涨。

这一机制下形成的通货膨胀可称为"结构性通货膨胀"，由 Baumol（1967）提出，是指在没有需求拉动和成本推动的情况下，由于结构性的因素使一般物价水平持续上涨而造成的通货膨胀。Baumol 把经济部门分为两个部分：一是劳动生产率不断提高的先进部门（工业部门）。二是劳动生产率保持不变的保守部门（服务部门）。当前者由于劳动生产率的提高而增加货币工资时，由于攀比，后者的货币工资也以同样的比例提高。在通常的成本加成定价的做法下，整个经济必然产生一种由工资成本推进的通货膨胀。因此，在经济结构的变化中，某一部门的工资上升，将引起其他部门向它看齐，从而以同一比例上升，最终演变为全面的通货膨胀。

总而言之，传统的实物型通货膨胀的产生原因和机理较为单纯，也较少有向资产领域的扩散与传递的机制。

（二）资产型通货膨胀产生的原因

第一，中央银行货币政策的引致作用。

尽管对于传统的实物型通货膨胀的形成，我们可以从货币的角度去理解其成因，但中央银行的货币政策对资产型通货膨胀的引致作用则更加显著。尤其是金融危机后，不同性质的通货膨胀使得货币政策产生了内在的矛盾，人们开始反思，将控制通胀率为首要目标的货币政策是不是资产价格快速上涨的推手。Borio（2006）认为，正是由于中央银行坚定的反通胀政策，人们认可了中央银行的信用，从而使得通胀的压力从一般商品转移到资产范围，造成了资产型通货膨胀，他甚至将之称为"中央银行信用悖论"。

第二，投资拉动与信贷繁荣的助推。

资产价格泡沫的时期往往也是实际经济迅速增长和生产率极大提高的时期。奥地利学派的观点中，无论资产价格繁荣的原因是什么，如果银行的信贷被动地接受了这一繁荣，资本市场就可能产生泡沫。Okina 等人（2001）通过对日本经济数据的研究发现，在日本 80 年代末 90 年代初的资产泡沫时，经济也持续了长达 4 年多的扩张，期间实际 GDP 和工业产出率的年增长率分别达到了 5.5% 和 7.2%。这一扩张中，固定资产的增长发挥了主要作用，固定资产投资几乎占据了 GDP 的 20%。投资的需求推动信贷的扩张，增加的流动性部分流向资产市场，引起了价格上涨。因此，货币扩张的资产泡沫效应与消费信贷的货币扩张效应相互加剧，导致货币存量越来越大，资产价格越来越高。

第三，通胀预期引发的资产价格"超调"。

通胀预期是一种心理预期，不是真正的通胀，但它却能影响人们的行为。一旦消费者和投资者形成强烈的通胀预期，就会改变消费和投资行为，造成通胀螺旋式上升，推动形成实际通胀，进而影响经济和社会稳定。比如，如果消费者和投资者认为某些资产（房地产、股票等）价格会上升，且上升的速度快于存款利率的提升，就会将存款从银行提出去购买这些资产，以达到保值或对冲通胀的目的，从而对该资产的需求上升会推高该资产的价格，从而通胀预期达到了自我实现。当通胀预期成为现实之后，更高的通货膨胀率会给人们更高的通胀预期，从而产生一种螺旋上升的势头。关于通货膨胀预期如何形成，主要有几种观点：静态预期、外推型预期、适应性预期和有限理性预期。静态预期不考虑市场价格的动态变化，把前一期的市场价格作为本期的预期市场价格。外推型预期理论认对未来的预期是在经济变量过去的水平上加入未来趋势的变化。适应性预期理论认为经济主体是根据他们以前的预期误差程度来修正每一时期的预期。理性预期的观点是人们能够有效地利用一切信息，对价格水平作出在长期中平均说来最为准确的，而又与所使用的经济理论、模型相一致的预期。目前大多数研究都认为通胀预期是适应性的，是公众对以往经验的总结。公众通货膨胀预期对实际通货膨胀率有推动作用，具有自我实现性。因此需要将预期管理纳入央行的货币政策框架中，从而维护央行的信誉，保持较低且稳定的通货膨胀率。

第四，外部冲击对资产价格膨胀的诱发。

伴随着经济全球化进程的深化，对于任何一个国家的经济现象的考察都不能局限在国境范围内，来自其他国家的外部冲击也和本国的经济运行状况紧密地联系在一起。资产型通货膨胀作为宏观经济运行情况重要的考察指标，也会受到国家之间货币政策机制和金融市场传导机制的影响。国家之间的货币政策机制，主要是指发生金融危机之后，为拯救陷入衰退的经济，危机国实施量化宽松的货币政策，给未发生危机的国家也带来货币超发、资产价格上涨的压力。金融市场传导机制则是以金融市场为传导渠道，通过影响国际资本流动引发一国金融资产价格的变化，导致该国企业融资成本和居民金融资产价值的变化，进而对国内投资和消费产生影响，诱发资产价格的上涨。

相对于实物型通货膨胀，资产型通货膨胀的形成原因及机理更为复杂和抽象，两者之间通常是由资产型通货膨胀又向实物型通货膨胀传递，从而带来资产型通货膨胀与继发的实物型通货膨胀并发现象。

3.2.3 两者对经济的影响不同

（一）实物型通货膨胀对经济的影响

通货膨胀的存在具有两面性。温和的通货膨胀能促进经济增长，而严重的通货膨胀损害经济运行和人民生活，影响社会稳定，关系到国计民生的大问题。

第一，温和的通货膨胀。

温和通货膨胀不仅对经济没有危害，反而能够促进经济增长，促进就业。在菲利普斯曲线中，物价上涨时失业率会降低，进而推动经济发展。

实物价格温和的上涨对经济的益处，我们可以通过分析2004年中国第一季度的数据来证实。根据国家统计局的数据，中国2004年第一季度的消费者价格指数同比上升2.8%，仍处于中国的政策目标范围之内，符合温和通货膨胀的范畴。在此期间，中国的经济保持了快速的增长势头，国内生产总值增长9.7%，各类经济主体活跃，消费者和企业家信心指数逐步走强；规模以上工业实现利润同比增长44.2%，财政收入增长33.4%，经济的内生活力增强，企业的经营效益得到提高；城镇居民可支配收入同比增长12.1%，农村居民人均现金收入增长13.2%，扣除价格因素后分别为9.8%和9.2%，人民收入水平得到较大提高；社会消费品零售总额同比增长 10.7%，消费需求并未受到抑制且市场运行稳定；进出口分别实现了 42.3% 和 34.1% 的增长，外贸增长强劲①；随着关于"三农"问题的各项政策的落实，加上食品价格 7.1% 的增幅，农民的生产积极性得到提高，农业生产势头良好。这些充分反映了温和的通货膨胀对经济的正面效应。

第二，严重的通货膨胀。

严重的通货膨胀会对社会经济秩序的正常运行造成严重的阻碍。当生产资料和消费品的价格过度上涨时，物价上涨及其不平衡性导致资源转移到部分特定生产领域和非生产领域，导致经济结构失衡和生产性投资的减少，妨碍社会生产和再生产的正常进行。同时，货币作为市场价格信号的职能也会受到通货膨胀的影响，对再生产产生影响。在通货膨胀时期，依靠固定收入人群的真实收入减少，持有货币形式资产者的财富缩水，而实物资本的持有者将从中获益。同时，通货膨胀也会在债权所有者和负债者之间产生财富的再分配效应，造成收入分配的不均衡，拉大人们的收入差距，这些都会影响社会财富分配的格局。在流通层面，由于实物价格上涨，人们会囤积商品，影响市场供需，扰乱社会流通秩序，恶性的通货膨胀甚至可能造成社会的动荡与不安宁，严重降低公众的生活水平。

此外，从内外均衡角度来看，实物型的通货膨胀往往会导致一国的对外贸易状况恶化。当通货膨胀发生时，一方面，国内的一般价格水平上升，出口萎缩；另一方面，国际商品价格相对稳定，其相对于与国内商品会有价格优势，从而引起进口增加。因此会降低本国产品的出口竞争能力，引起黄金外汇储备的外流，从而使汇率贬值。传统的贸易理论认为一国应该出口资源丰富的要素，把国内人民消费剩余出口到他国并换回本国稀缺的要素。就中国目前情况来看。出口品主要为劳动密集型产品，国内产品价格水平上升提高了劳动者的生存成本，提高报酬会降低企业利润，进而影响出口积极性。

（二）资产型通货膨胀对经济的影响

与实物型通货膨胀相比，资产型通货膨胀的危害相对较小，因为这类通货膨胀存在于虚拟经济中，主要导致经济主体财富的账面缩水，不至于影响公众的基本消费和实际生活。而实物型通货膨胀对经济的负面后果更严重，因为它会影响经济主体的基本生活水平，是关系到国计民生的大问题。但由于资产型通货膨胀存在向实物型通货膨胀传递的机制，因此其对经济的影响也不容

---

① 国家统计局：《中国统计年鉴》（2005），北京，中国统计出版社，2005。

忽视。

资产价格上升引发的温和的通货膨胀会促进经济的增长，绝对水平过高的资产型通货也会阻碍宏观经济的运行，这和实物型通货膨胀相同。但是，资产型通货膨胀在影响整体经济时，具有自己独特的传导机制和路径，产生不同的结果。

第一，资产价格的上升与其他商品价格的上升会形成一种螺旋交错。

资产价格的上升通过财富效应、托宾 q 效应和资产负债表效应等渠道引发一般价格水平的上涨，造成通货膨胀，但是资产价格的上升程度往往高于平均水平。在消费上，人们更青睐于将资金用来购买资产而不是一般消费品和生产资料，因为这会带来更高的收益，进而引发对资产需求的上升。资产的供给无法通过批量生产来扩大，在短期内是恒定的，因此，扩大的需求与固定的供给之间不匹配，资产价格会进一步上升，与其他商品相比，有更高的涨幅。更高的资产价格会加大对通货膨胀的推动，从而产生一种螺旋式上升的情况。这一状况难以通过简单的扩大生产来解决，这是我们在面对资产型通货膨胀时的一个难题。

第二，资产型通货膨胀更易造成供求失衡与经济结构失衡。

资产型通货膨胀的产生是基于资产价格的大幅上升，资产相较于一般商品具有更高的投资吸引力。当资产价格仍处于上升通道时，投资者往往有向好的预期，容易忽视风险的问题。这种状况中，在"羊群效应"的促进下，人们纷纷涌入资产市场，导致资产价格上升和预期的自我实现，更加引爆了人们的疯狂。2007 年中国股市的泡沫形成就是一个很好的例证。由于大量资金涌入资产市场，为了获得更多的收益，企业开始寻求扩大资产的产量，房地产的开发和上市公司扎堆上市的情况由此而来。在这种情况下，会产生过多的关于资产的投资，导致资产市场的供求失衡，加之资产投资周期较长，供求难以得到合理的调剂，容易造成资产泡沫的破裂，对经济运行的稳定性产生影响。例如中国鄂尔多斯市的房地产业的崩盘就是由资产型通货膨胀所引起。在真实的利好消息刺激下，房地产价格快速上涨，投资房地产业的收益远高于其他行业。人们将富余资金都投入房地产业，甚至进行借贷来投资房地产业。房地产市场的繁荣促进房地产开发商扩大投资，同时政府基于财政的考虑也扩大了土地供给。在房地产项目完工时，一次性投放的供给扰乱了市场的供求状况，供给远远超出了实际需求，房地产价格应声大幅回落，引发经济波动。在资金大幅流向资产市场的同时，从事商品生产和流通的实体经济也会受到冲击。在市场上流动性保持稳定的条件下，资金流向资产市场必然带来实体经济的投资不足，进而造成实体经济的萎缩和空心化。实体经济得不到发展，不能满足居民的消费需求，会进一步加深供求失衡，产生对价格水平的上行压力。同时，由于资金流动的变化，经济结构失衡情况也会加剧，从而给宏观经济运行带来阻碍。

第三，资产价格泡沫破灭主要导致金融危机，由此可能引发实体经济的危机。

资产型通货膨胀是由资产价格的膨胀所引起的，根据近 30 年来的经验，资产价格的大幅上涨和一般价格水平的上涨之间存在着时滞问题，即资产价格的上涨领先于一般价格水平的上涨，资产价格大幅上升往往伴随着较为稳定的通货膨胀率。实物商品的价格由于有商品价值的限制，其增长空间有限，而资产的价格的上涨往往在短期之内看不到天花板。当资产价格过度上涨时，资产泡沫逐步形成。由于资产价格更多地受到市场情绪的影响，其泡沫的破裂往往是短时期内剧烈的下跌，这对金融体系和经济运行的稳定造成了危害。2008年美国的次贷危机就是房地产价格由于过度上涨远远超出本身价值后又在短时间内大幅下跌所引起的。对于一般商品的通货膨胀，其价格的上升往往是由于供求失衡导致，即使通过市场自我调节或者政府政策调控，供求再平衡也是一个逐步进行的过程，不可能在短期之内迅速扩大供给或减小需求。这是因为人们对一般消费品或生产资料的需求中存在着刚性需求，一般商品的供给也受到生产周期的限制，所以在短期内，供求失衡的状况难以得到有力的逆转。综合来说，资产型通货膨胀由于包含了资产泡沫破灭的问题，会影响到金融系统和总体经济的稳定性。

综观西方国家，在过去的 20 年，西方各国的通胀水平一直控制在合理的范围内，恶性通货膨胀几乎绝迹。但是，中央银行在管理通货膨胀时忽略了资产价格的问题，资产价格的波动同样会给经济带来严重的破坏。从 20 世纪 70年代开始，接二连三的金融创新迅速地推动了金融市场的发展，伴随而来的还有资产价格的频繁波动。日本房地产泡沫的破灭是日本经济"失落的十年"的主要推手，同期的北欧国家也出现了不同程度的资产泡沫破灭，给经济带来了消极影响。20 世纪末接连出现的墨西哥金融危机和东南亚金融危机，股票等资产价格暴跌的影响延伸到经济生活的其他领域，给全球经济都带来了冲击。2008 年美国次贷危机产生的主要原因也是房地产泡沫的破灭，进而引发了大范围的金融危机，给世界经济的发展蒙上了一层阴影。

3. 2. 4 两者的治理方法不同

温和的通货膨胀对于经济来说利大于弊，所以政策制定者更关注如何遏制超出政策目标范围的严重的通货膨胀。不管是何种通货膨胀，其对经济的危害都十分巨大，各国央行和政府在政策制定中往往会将通货膨胀的控制作为重要的目标之一。但是，由于实物型通货膨胀和资产型通货膨胀在形成机理和影响上都有所不同，故在政策上也应区别应对。

（一）实物型通货膨胀的治理方法

由于实物型通货膨胀的成因较为单纯，其治理方法只需从改善供给和控制需求两方面着手即可。

第一，控制需求。对于需求拉上型通货膨胀，调节和控制社会总需求是个关键。各国对于社会总需求的调节和控制，主要是通过制定和实施正确的财政政策和货币政策来实现。

在财政政策方面，主要是大力压缩财政支出，努力增加财政收入，坚持收支平衡，不搞赤字财政。在货币政策方面，主要采取紧缩信贷，如提高利率，提高法定存款准备率，控制货币投放，减少货币供应总量的措施。采用财政政策和货币政策相配合，综合治理通货膨胀，两条很重要的途径是控制固定资产投资规模和控制消费基金过快增长，以此来实现控制社会总需求的目的。

第二，改善供给。对于成本推进型通货膨胀，一般采用增加商品的有效供给，调整经济结构的方式。治理通货膨胀必须从两个方面同时入手：一方面控制总需求，另一方面增加总供给。二者不可偏废。若一味控制总需求而不着力于增加总供给，将影响经济增长，只能在低水平上实现均衡，最终可能因加大了治理通货膨胀的代价而前功尽弃。因此，在控制需求的同时，还必须增加商品的有效供给。

一般来说，增加有效供给的主要手段是降低成本，减少消耗，提高经济效益，提高投入产出的比例。同时，调整产业和产品结构，支持短缺商品的生产。

第三，其他政策。除了控制需求，增加供给调整结构之外，还有一些诸如限价、减税、指数化等其他的治理通货膨胀的政策。此外，由于通货膨胀对于经济会产生诸多负面影响，不少国家的央行针对通胀采取了通胀目标制，盯住物价，避免价格的大幅波动，期望为经济的发展创造一个相对稳定的宏观环境。事实上，这一政策取得了良好的效果。

（二）资产型通货膨胀的治理方法

资产型通货膨胀由于其独有的投机性、螺旋性、持久性和波及性，防治措施更具综合性和艺术性，可考虑从以下几方面来开展。

第一，总量控制。即控制货币供应量。由于资产型通货膨胀形成的本源是货币供应过多，因此，治理资产型通货膨胀的一个最基本的对策就是控制货币供应量，使之与货币需求量相适应，稳定币值以稳定物价。

而要控制货币供应量，必须实行适度从紧的货币政策，控制货币投放，保持适度的信贷规模，改善信贷结构。由中央银行运用各种货币政策工具灵活有效地调控货币信用总量，将货币供应量控制在与客观需求量相适应的水平上。

第二，结构调整。从结构调控方面来治理资产型通货膨胀，就意味着调整货币政策工具，更多地采用选择性政策工具，如流动性比率、不动产信用控制、保证金比率控制的，加强间接信用指导等。此外，调整货币政策的预警和监测体系，构建包含资产价格的广义价格指数和反映资产型通货膨胀的结构化指数，也有利于解决资产型通货膨胀治理中的决策与效果评价实践难题。

第三，统筹兼顾。由于货币扩张往往通过资产价格的上涨来带动整体物价的上升，因此资产型通货膨胀调控的关键在于中间环节：资产，即以控制房地产价格泡沫实现房地产价格软着陆为中心，以更"均匀"的货币政策反应周期为支柱，以结构性改革和宏观审慎监管为辅翼，从而稳定公众的通胀预期，阻断货币供给通过房地产价格到物价水平之间的传导渠道。基于此，在政策的制定中，还需要统筹兼顾货币政策与财政政策、国内外宏观调控的联动性。这也意味着，与实物型通货膨胀相比，治理资产型通货膨胀更强调增强货币政策在整个经济周期中的均衡性，应改变单一的货币政策框架，加强货币政策与财政政策联动；协调注重政策搭配的短期选择和中长期选择，在拉动内需的同时，坚持加大结构性财政投入力度和落实结构性减税；在控制虚拟经济规模的同时，大力发展实体经济，抑制资产市场的投机需求；同时，宏观调控的搭配应实现内部均衡和外部均衡的一致性，即在开放经济下，各国的财政政策和货币政策应兼顾内外均衡，并根据自身政策搭配的历史演进和现实宏观经济环境变化作出相应调整，以防止通货膨胀通过股价、房地产价格、汇率等渠道在国际间传导。

3.3　本章小结

实物型通货膨胀和资产型通货膨胀产生的本源都源于货币数量过多、货币贬值，由于货币数量在实体经济领域和虚拟经济领域的分配不同，导致普通商品价格与资产价格的变动存在此消彼长的关系。因此，两种通货膨胀在反映和表现、产生原因和机理、对经济的影响，以及治理的方法等方面都存在着不同。但由于资产型通货膨胀存在向实物型通货膨胀的传导的机制，极可能引发两种通货膨胀的并发现象，因此两种通货膨胀对经济的终极影响是相同的。辨清以上的异同点，有利于我们从一个全新的角度去理解通货膨胀，拓宽治理通货膨胀的政策框架。

4

资产型通货膨胀的形成和传导机理

通货膨胀是宏观经济中的一个重要变量。发生通货膨胀时，会伴随一般价格水平持续和显著的上涨、货币贬值等现象。通货膨胀的成因在许多经济学家间有多种不同的看法，在不同的国家有着不同的根源。但是，只要发生严重的通货膨胀，不论是实物型通货膨胀，还是资产型通货膨胀，它们对经济的最终影响结果都是相似的：物价上涨，居民实际收入下降，造成经济和政治的不安定。因此，研究资产型通货膨胀的形成与传导机制，对于厘清资产价格的波动对宏观经济的影响，以及与通货膨胀之间的关系及扩散机制有着很大的帮助。

最近几次金融危机之后，在全球去杠杆化过程中，为解决流动性注入和处理困难机构采取的救助措施并没有从根本上恢复市场信心，反而刺激了资产价格上涨，强化公众的通胀预期，这反过来促使资产价格进一步上涨，随着通胀预期"反身性"的加剧，形成资产价格与通胀预期螺旋性互动。因而，资产型通货膨胀的形成过程中一个显著特点，就是资产价格的持续上升发生在消费物价下降和宏观经济稳定的环境中，暴露出货币政策面临的新问题：稳定物价和稳定金融体系的悖论。本章将以房地产价格为例，从货币政策→房地产价格→资产型通货膨胀→实物型通货膨胀这一逻辑视角，剖析资产型通货膨胀形成和传导的机理。

4.1 货币政策对房地产价格传导的理论分析

从传统的理论来看，股票、房地产等资产价格会通过多种传导机制影响实体经济，由于房地产在企业和居民收入中的比例日益增高，房地产市场近几年飞速发展，房地产价格一路飙升，房地产泡沫逐渐形成，虽然政府频频出台调控措施，但房地产价格仍然居高不下，这为整个金融体系的稳定和宏观经济的发展埋下风险的隐患。央行货币政策的实施通过货币政策工具作用于货币政策中介目标，进而通过货币政策中介目标对资产价格变动产生影响。因此本节从房地产市场的视角，对货币政策向资产价格的传导机制进行理论分析。

　　导致房地产价格波动的因素很多，其中的最基本因素是供求关系。从供给的角度来说，土地资源本身是不可再生资源，再加上房地产行业的建设周期长，这就决定了短期之内，房地产的供给弹性很小；从需求的视角来说，影响房地产需求的因素较多，如居民可支配收入、居民消费情况、人口情况以及货币政策因素等，其中货币政策是本章主要讨论的因素，由于货币政策不仅影响房地产市场的刚性需求，同时也会影响房地产市场的改善需求、投机需求等，从而对房地产市场影响巨大。

　　货币政策对房地产价格的传导机制分为两个环节，即货币政策通过何种途径传导至房地产价格，以及房地产价格如何将货币政策信息传导至实体经济。详见图4-1。

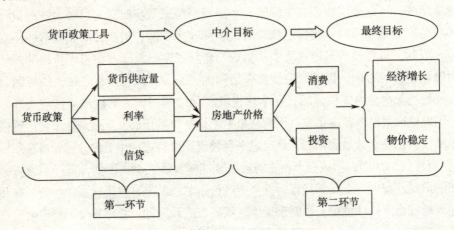

图4-1　货币政策的房地产市场传导机制

　　货币政策对房地产价格的传导是传导机制的第一环节，这一环节主要研究中银行如何运用货币政策工具影响房地产市场供求，从而影响房地产价格。在不考虑开放经济下汇率传导的前提下，本节主要从货币供应量、利率和信贷等途径来探讨货币政策的房地产价格传导机制。

4.1.1　货币政策对房地产价格的货币供应量传导渠道

　　（一）货币供应量的增加引起资产价格或建筑材料价格的上升

　　房地产价格和货币供应量的关系可以从两方面进行分析，即一方面房地产价格的变化会影响货币供应量，另一方面货币供应量的变化也会引起房地产价格的变化。当房地产价格上涨时，大量的境外资本、民间资本及银行储蓄会被吸引到房地产市场进行投机，房地产价格上涨而且人民币有升值预期时，大量的境外资本通过各种合法的和不合法的渠道进入国内市场，兑换成人民币而导致货币供应量的增加，其结果容易引起资产价格的上升。因为当货币供应量增加后，人们将多余的货币用于支出，会造成物价（包括金融资产价格和实物资产价格）的上升，这种影响可以是直接的，如直接用多余的货币购买房地产；也可以是间接的，即通过建筑材料等价格的上升等引起房地产价格上升。传导机制如图4-2所示。

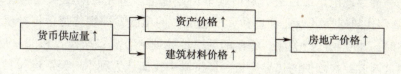

图4-2 货币供应量对房地产价格的传导渠道

（二）货币供应量的增加通过银行贷款的增加进而影响房地产供求的变化

货币供应量的调整可通过银行传导到房地产市场。一般情况下，中央银行通过运用货币政策工具，如法定存款准备金率、再贴现率、再贷款金额及公开市场操作等来调节货币供应量，影响商业银行的放贷能力，进而影响商业银行的准备金和存款，其贷款供给能力随之变化，这一变化会影响房地产企业与购房者对贷款的可获得性，从而使房地产需求和供给发生变化，最终导致房地产价格的升降，其与利率途径相似，信贷途径也是通过对房地产供给方即房地产企业和需求方即购房者分别产生作用的。如货币当局采取扩张性的货币政策，在公开市场上买入政府债券，增加货币供给，这将直接增加商业银行的货币可得性。此外，政府债券供给的减少将导致资产价格的上升，使得商业银行加大信贷规模。这样，信用可得性的增加，将使居民和房地产开发商投资支出上升，导致房地产供求的变化，进而影响房地产价格。其基本传导机制如图4-3所示。

由于房地产行业的资金密集性特点和需求价格弹性较高的原因，无论对于房地产企业还是购房者来说，贷款的可获得性对于房地产价格的影响似乎更加直接和明显，因此，总的来说货币供应量的增加会通过银行信贷的扩大而提升对房地产的需求，进而导致房地产价格上升。

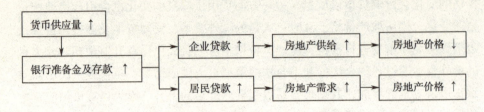

图 4 - 3　货币供应量房地产价格的传导渠道

4.1.2　货币政策对房地产价格的利率传导渠道

利率传导理论是最古老的货币政策传导理论。研究时间较早，但直到 20 世纪 30 年代凯恩斯《就业利息和货币通论》的出版，即现代货币传导机制理论诞生时，才受到广泛关注。经典的利率传导理论有凯恩斯模式和 IS - LM 模型，但这两者存在相似的传导途径。经济学中普遍认为利率对经济运行具有决定性作用：利率影响企业的生产和投资、居民的消费和储蓄、国家的财政收入和对外经济活动，因此货币政策利率传导渠道的作用举足轻重。由于房地产是一种价格较高的特殊商品，大多数消费者缺乏一次性付款购买的能力，而多采用抵押贷款的方式进行购买，即消费者以所购房产作为抵押物，向住房公积金管理机构或金融机构申请购房贷款，并在一定期限内按贷款合同偿还本金和利息。利率的变化会直接影响消费者的还贷额，影响其购房成本。房地产业的资金密集性又同样决定了房地产开发商对利率的依赖。利率途径因房地产需求方和供给方两个主体不同，其传导路径有所不同。

（一）利率变动对房地产供需的影响

从房地产供给方也就是其开发企业的角度看，房地产业属于资金密集型产业，开发期间需要的资金量大，投入时间较长，因此开发企业主要采用抵押贷款的方式获得流动资金，因此利率决定着开发商的融资费用和融资意愿。以利率提高为例，房地产企业的开发成本增加，导致开发商的融资费用高，融资难度加大，理论上房地产供给应该减少，房地产价格提高。其一般的作用机制如图 4 - 4 所示。

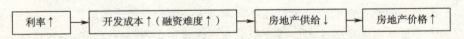

图 4 - 4　利率对房地产价格的传导渠道

从房地产市场的需求来看，房地产需求方既包括利用银行贷款购买房地产的购房者（刚性需求者）又包括利用自有资金购买房地产的投机者。利率的变动对贷款购房的消费者的购房成本和购房意愿有很大的影响。以利率提高为例，这直接增加了购房者的利息负担，使"刚性"也大打折扣，影响了其对房地产的正常需求，房地产价格下降。而对于投机者来说，利率提高使其投机成本增加，必将导致投资性需求减少，投机者宁愿转而投资其他行业，或者持币待购，也在一定程度上抑制了房地产需求。由此可以看出，政府货币当局通过利率途径以抑制投机性需求为目的调控房地产价格时，往往也使正常购房者的消费需求受到打击，并且对后者的抑制程度要强于投机需求，普通居民、中低收入群体成为抑制高房价政策的承受者。总体来说，利率上升引起消费者的购房成本和投机者的投机成本上升，融资难度加大，房地产需求相应下降，房地产价格下降。其作用机制如图 4-5。

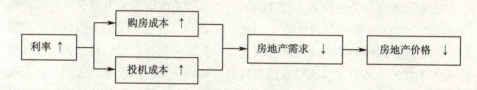

图 4-5 利率对房地产价格的传导渠道

总的来说，利率的变动情况对房地产价格的影响最终取决于供给方和需求方的力量对比。通常情况下，房地产企业通过对利率反应而作用于投资支出会有一定的时滞，而购房者对利率变动的反应则更加灵敏和迅速。

（二）利率对资产组合的影响

在研究利率政策对房地产价格的影响时，除了考虑房地产供需变动的渠道，还必须着眼于整体价格体系的变动，着眼于经济增长和通货膨胀走势关系的新特征。为将经济增长和整体价格体系纳入分析框架，下面建立一个包含微观经济主体各种选择的广义投资组合，通过分析货币政策对组合中各类投资选择的影响，阐明利率对整体价格体系变化和经济增长走势的刺激作用。

1. 利率对微观经济主体的广义投资组合的影响。

假定模型中只有一个人，他为平滑消费、防范风险等各种原因，会持有一定规模的存量财富。为更好地保存财富，他会面临如下几种选择：一是持有货币，因为货币本身也有贮藏财富的职能，用 M 来表示；二是持有国债、股票、期货、房地产等各类资产，用 A 来表示；三是进行实体经济投资，用 I 来表示。我们将广义组合表示为 $P(M, A, I)$。

　　由于持有财富的目的是更好的保值增值，他需要综合考虑各类选择的收益和风险。由于各种投资选择承担的风险不同，他要求的回报率也不同，但在均衡情况下，剔除了风险溢价后的回报率应该趋于一致。为有所区分，我们将各类选择表现出的收益率称为名义回报率，分别表示为 M_{nr}、A_{nr} 和 I_{nr}；将剔除风险溢价后的收益率称为实际回报率，分别表示为 M_r、A_r 和 I_r。实际回报率本质上是时间价值，理论上应该趋向一致，即 $M_r = A_r = i_r$。如果尚未趋向于一致，则在不存在转换成本的情况下，必然存在组合内部调整的过程，最终使各类投资选择的实际回报率趋于一致。

　　下面我们分析各类投资选择回报率的决定因素。货币的回报率就是利率，在商品货币制度下，利率完全由储蓄和投资等实际因素所决定，具有显著的内生性。随着商品货币制度演化为信用货币制度，人类社会已经能够创造廉价货币，利率也不再完全由储蓄和投资决定，也受货币供应等人为因素的影响，此时利率已经表现出较强的外生性。因此，M_r 在很大程度上受中央银行货币政策的影响。资产回报率主要由两部分组成，一是资本利得，二是利息收入，具体水平等于使未来各期现金流贴现值与目前价格相一致的贴现率。因此，对未来资产价格和利息收入的预期是评估目前资产回报率的重要因素。从实际情况看，利息收入比较固定，资产价格变动对资产回报率的影响更为显著。根据已有研究成果，我们假定投资人对未来资产价格的预期是适应性预期，即根据过去资产价格变化规律推导未来变化规律。实体经济投资的实际回报率就是边际资本回报率扣除相关的风险溢价。

　　2. 货币政策冲击对广义组合的影响。

　　为更好地模拟现实，假定货币政策操作不考虑资产价格，主要关注实体经济和通货膨胀。当宏观经济受到外部冲击而陷入衰退时，中央银行将采取宽松货币政策，刺激投资需求。此时，投资的实际回报率 I_r 会显著下降。一是因为经济不景气将导致投资的名义回报率 I_{nr} 下降，二是对未来经济预期的不确定会提高风险溢价水平。货币政策如果要刺激投资需求，必须相应降低利率，满足 $M_r \leq I_r$。这也是传统凯恩斯主义使用货币政策刺激投资的政策理论。

　　但在广义组合中，货币政策的刺激效果取决于组合中各类投资选择实际回报率的变化和相对关系。如果资产市场和实体经济的实际回报率存在较强相关关系，当实体经济投资的实际回报率下降时，资产投资的实际回报率也会以相同或接近同等的幅度下降，即满足 $M_r \leq I_r = A_r$，则货币政策能够刺激投资，也能增加对资产的需求。如果资产市场和实体经济相关关系较弱，当实体经济投资的实际回报率受到外部冲击下降，而资产投资的实际回报率所受影响较小时，则存在 $I_r < A_r$，此时即使将利率降至投资回报率水平（$M_r \leq I_r$），宽松货币政策释放的货币也会首先投向资产市场，推动资产价格上涨，只有等到资产收益率逐步回落至 $I_r = A_r$ 时，才会有效刺激实体经济的投资需求。

资产市场的回报率和实体经济投资的回报率是否存在较强的相关关系呢？从实际情况看，有的资产与实体经济周期有紧密的关系，有的资产则关系不大。我们将前者定义为 AA 类资产，将后者定义为 BA 类资产。一般来讲，AA 类资产有股票和国际大宗商品期货，他们或者其收益归根结底来源于实体经济和工业生产，或者其所代表商品主要用于工业，价格变动受到经济周期的显著影响。以国际大宗商品期货为例，能源、原材料等商品主要需求是工业用途，工业生产下滑会使实际需求明显放缓，其价格也将向下调整。

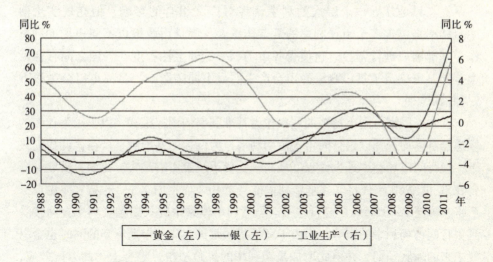

资料来源：Wind 数据库。

图4-6　不同类型的资产价格与世界经济周期的关系

BA 类资产有国债、贵金属、房地产等资产，它们不是主要用于工业生产，而是用于消费或者储存财富。以金、银两种商品为例说明两类资产对实体经济的相关性。目前，金主要用于首饰需求和对冲通胀的投资需求，工业需求占比很小，银则是 50% 以上的用于工业需求。因此，同为贵金属，银价相比金价与工业生产的关系更为紧密，详见图4-6。

根据上文分析，货币政策冲击对组合调整的影响可以有以下几种情形。

情形 1：凯恩斯式流动性陷阱。外部冲击对宏观经济的影响非常严重，人们对未来经济预期非常悲观，对各类资产和实体经济投资均要求较高的风险溢价水平，导致他们目前实际回报率均低于利率的调控下限 Φ，即 $AA_t \approx I_t < BA_t < \Phi$。此时，虽然实行了宽松货币政策，利率降至最低水平，但仍然没有信贷需求，即使增加再多的货币供应也只能以货币形式所持有。

情形 2：刺激投资需求。存在 $M_t < I_t \approx AA_t \approx BA$，宽松货币政策会刺激投资和各类资产需求。

情形 3：先刺激资产价格上涨再刺激投资。存在 $M_t < I_t \approx AA_t < BA_t$，此时货币政策将首先刺激 BA 类资产价格上涨，待到其预期收益率回落至投资回报率时，才进而刺激实体经济投资。

情形 4：直接刺激资产价格上涨。存在 $I_t \approx AA_t < M_t \approx BA_t$，此时货币政策很难刺激实体经济投资，但会推动部分资产价格大幅上涨。

3. 不同市场利率的调控对广义组合的影响。

上文只是分析一个层次的利率调控对广义组合的影响，但在现实生活中，利率是包含多个市场利率的复杂体系。各国货币政策以不同市场的利率作为基准利率进行调控，这使得各市场利率的外生性程度在各国之间存在巨大差异，也决定了货币政策冲击会产生明显不同的影响。具体可以分为以下三种情况。

首先，以银行间市场短期利率作为基准利率的调控模式。以美国为代表的发达经济体均选择以银行间市场短期利率作为调控的基准利率。在该调控模式下，银行间市场利率外生性程度最高，受货币政策影响最大。比如，美联储既曾在 20 世纪 80 年代将联邦基金利率推高至 10% 以上的水平，也曾在金融危机后将其降至 0~0.25% 的超低水平。虽然利率体系中的长期融资利率会间接受到银行间市场利率的影响，但由于宽松货币政策在降低短期利率的同时也会引发未来的通胀预期，并由此增加长期利率的风险溢价，综合上述两方面效应，长期利率具有相对较强的内生性，受货币政策的影响较小。

在该利率调控机制下，由于长期利率相对平稳，对广义组合的影响较小。短期利率外生性程度高，会对广义组合中的短期选择带来冲击。金融危机后，美联储实施宽松货币政策，银行间市场利率在较长时间内一直处于超低水平，对与银行间市场互联互通的短期资产带来较大冲击，导致大量美元资产从以货币形式持有转化为以国债、国际大宗商品期货以及其他外汇资产等形式持有。在这一过程中，美国国债价格持续上扬，国债收益率大幅下滑，与工业生产和经济周期关系较小的黄金价格大幅上涨。不仅如此，由于美元利率长期处于超低水平，以至于虽然能源、原材料与工业生产关系密切，但美元利率在较长时间中也低于国际大宗商品的预期收益率，推动国际原油、原材料、农产品等期货价格持续上涨。

其次，对存款利率的调控。中国货币政策直接调控名义存款利率。在广义组合中，存款利率大幅下降，会对与存款市场互连互通的各类选择带来冲击。表现为广义组合中的货币存款占比减少，并转化为其他可替代的选择。从中国目前来看，这些选择主要有各类金融理财产品、房地产和实体经济投资。

最后，对贷款利率的调控。中国货币政策直接调控名义贷款利率。在广义组合中，贷款利率的影响范围与存款利率相同，但不同的是，存款利率调控只会导致既定存量的财富进行结构配置上的调整；而贷款利率调控会导致微观主体进一步借入资金实现组合内的各种选择。如果贷款利率低于组合中其他选择的收益率，实体经济中就会持续存在超额的信贷需求。

4.1.3　货币政策对房地产价格的信贷传导渠道

货币政策通过利率渠道、货币供应量渠道和资产组合渠道对房地产价格产生作用依赖于有效的金融市场。然而，在现实中，存在着各种市场摩擦使得金融市场缺乏效率，如信息不对称所引致的道德风险和逆向选择使得货币政策对房地产价格的传导渠道受阻。此时，货币政策仍可以通过信贷渠道对房地产价格的变动发挥作用。货币政策的信贷渠道可分为银行信贷渠道和资产负债表渠道。

（一）银行信贷渠道

银行是典型的以负债经营为主的经济主体，银行的长短期存款是其赖以生存和发展的基础，货币政策的变动会通过影响其准备金数量而影响其放款能力。当放款能力发生变动时，将会导致银行信贷配给发生变动。中国是一个银行主导型的国家，商业银行的贷款能力影响着企业的经营与发展，房地产业也是一个负债经营的行业，货币政策的调整影响着房地产开发的成本，进而对其房地产供给产生影响。对购房者而言，由于其在购房时无须支付全部购房款，而只需支付房产价值中的一部分，因而，这种购房"杠杆效应"也受到货币政策变动的影响。当央行实施较为宽松的货币政策时，人们获得贷款相对容易，此时，房地产商投资房地产的成本降低，将扩大房地产开发，因此，房地产供给增加，房地产价格降低。另一方面，作为房地产需求者的购买者在宽松的货币政策下，能较为容易获得贷款（并且此时逆向选择和道德风险也明显降低），从而增加了对房地产的需求，进而推高房地产价格。反之则相反。

以扩张性的货币政策为例，银行信贷渠道对房地产价格的影响机制如图4-7所示。

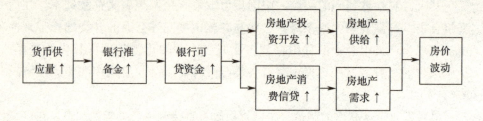

图4-7　货币政策对房地产价格的银行信贷渠道

在上述机制中，房地产市场的供给和需求共同作用决定了房地产价格的变化情况。房地产价格的变动趋势决定于房地产供给和房地产需求的相对大小。例如，中国房地产市场一直是卖方市场，房地产供应商只要能开发出楼盘，就能把它卖出去，更多的是很多楼盘还在规划中，就已经预售。因而，面对旺盛的消费需求，房地产商所增加的供给几乎可以忽略，从而房地产价格将持续走高。近年来房地产价格上涨的事实也证明了这点。

（二）资产负债表渠道

资产负债表渠道着眼于货币政策对特定借款人的影响，货币政策对经济的影响通过对借款经济体的受信能力的影响而得到强化。当货币政策发生变化时，借款企业和个人的资产净值会发生变化，从而改变借款主体逆向选择和道德风险的程度，使得银行的信贷供给意愿发生变化，进而导致房地产价格发生变化。

以紧缩的货币政策为例，当央行实施紧缩的货币政策时，货币供应量减少，此时利率一般呈上行趋势，因而借款人需要支付的利息就会增加，进而使得借款人资产负债状况恶化，逆向选择和道德风险的程度增加。对于房地产商而言，其获得银行贷款的能力将降低，因此，将会减少投资，一方面使得社会总产出降低，降低国民收入，导致对住房需求的降低。另一方面，由于房地产开发资金的减少，将使得房地产开发供给减少，拉高房地产价格。对于购房者而言，其资产负债状况也在紧缩货币政策恶化，这将使得其获得房地产抵押贷款更加困难，其所要支付的抵押贷款成本也随之上升，进而降低住房需求。

上述货币政策的资产负债表渠道机制如图4-8所示。

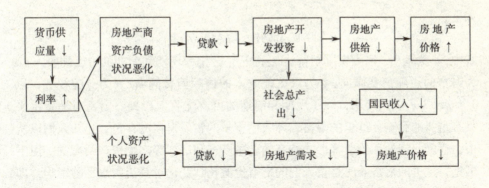

图 4 - 8　货币政策对房地产价格的资产负债表渠道

4.2　房地产价格变动对宏观经济的影响

当货币政策通过货币供应量、利率、信贷等渠道引发房地产价格波动后，房地产价格进而对宏观经济产生影响。房地产价格对宏观经济的影响主要体现在总体房地产价格水平对消费、投资和金融稳定性的影响。房地产价格不仅能够改善家庭和企业的资产负债表从而影响家庭和企业的信心，并导致支出水平的变化，而且房地产价格可以作为居民劳动收入和商业利润的先行指标具有信息指示功能，因此房地产价格的暴涨暴跌会破坏金融体系的稳定性进而破坏宏观经济的健康发展。

4.2.1　房地产价格变动对消费的影响

房地产价格到实体经济的传导是货币政策传导机制的第二个环节，其中具体分为房地产价格对消费的传导以及房地产价格对投资的传导。房地产价格对消费的传导主要包括财富效应和家庭流动性效应。

（一）财富效应

房地产价格对消费的影响主要是通过财富效应。所谓"财富效应"最初是指庇古（Pigou）提出的"实际货币余额效应"，即"庇古效应"。它是指价格总水平变化引起人们手持货币的实际购买力变化，进而引起消费水平和总需求量的变化。后来，弗里德曼（Friedman）和莫迪利安尼（Modigliani）等人在他们的现代消费函数理论中，提出了消费的"持久收入假说"和"生命周期假说"，引入了财富变量，考察了它对消费的影响。现代消费函数的简化形式如下：

$$C = aW + b\theta Y_D + b(1 - \theta)Y_{D-1} \qquad (4.1)$$

式中，C 为消费；W 为实际财富；Y_D 和 Y_{D-1} 分别为现期和前期的可支配收入；a 为财富的边际消费倾向；b 为可支配收入的边际消费倾向；θ 为分配权数，以 $0 < \theta < 1$。上式表明，除了现期和前期的可支配收入以外，财富对消费水平具有重要的影响。这里的财富，即人们积累的物质财富的存量，包括人们以货币、存款、债券和股票等形式持有的金融资产和房产等实物资产两大类。由上可见，这里的财富效应是指人们的财富价值及其变化对其消费水平的影响，即总消费方面的财富效应。

对于此问题，IMF（2000）、Ludwig 和 Slok（2000）、Zandi（1999）都进行过研究。概括起来说房地产价格影响私人消费的途径有以下几种方式。第一，消费支出是家庭一生收入来源的函数。根据生命周期—恒常收入模型，金融资产和房地产财富是收入来源中的重要组成部分。因此可以预见如果消费者持有的资产价值上升，并且消费者认识到自己已经获利，其消费就会上升。第二，当实际房地产价格通过传递未来实际收入增长加快或放慢的信号，从而在一定程度上影响人们的工资收入预期时就会影响当期的消费。第三，由于银行和其他金融中介提供的外部融资的可获得性和成本取决于这些机构对家庭净收入的评估，因此消费贷款数量将成为家庭所有资产的函数。当这些资产的市场价值在一定程度上影响家庭为当期消费而借款的能力时，房地产价格的波动会进一步影响总消费。第四，房地产价格的上升增强了消费者的信心。即使是那些在房地产市场没有或者很少直接投资的家庭也会增加消费。而且房地产市场财富的变动对消费的影响是不对称的，消费者对财富减少的反应速度要比财富增长时快得多。

很多经济学家对房地产价格对消费影响的实证研究，得出了财富效应存在的结论。但在不同国家和不同时期，大小是有差异的。而且它究竟对宏观经济存在多大的效应和影响力仍有待研究。

（二）家庭流动性效应

家庭的资产负债表体现在生活耐用品和住房消费的流动性效应，它通过消费者的消费意愿作用于实体经济。相比较金融资产，房地产资产流动性很低，难以出售且低价出售损失大。如果预期将出现财务危机，消费者会首先选择出售手中持有的股票和债券，而不是住宅资产。当消费者持有大量的金融资产，当股价上升时，金融资产的价值也随之上升。随着预期陷入财务危机的概率小，他们会增加耐用品的消费支出，总支出随之增加。这样就形成了家庭的流动性效应，表示如下：

资产价格↑→家庭陷入财务危机的可能性↓→耐用消费品的消费、住宅消费↑→总支出↑

4.2.2　房地产价格变动对投资的影响

（一）托宾 q 效应

根据托宾 q 理论，q 是企业真实资本的市场价值与资本的重置成本的比值。当房价上涨，企业的市场价值增加。当企业真实资本的市场价值与资本的重置成本比值大于1，即 q > 1 时，企业投资的边际收益大于企业的边际投资成本，企业经营者选择新建来实现企业的扩张，投资支出会增加；当房价下跌时，企业真实资本的市场价值降低。当企业真实资本的市场价值与资本的重置成本比值小于1，即 q < 1 时，企业投资的边际收益小于投资的边际成本，企业不选择新建的方式进行扩张，而是选择收购来企业实现企业扩张。此时，企业不会购买新的投资品进行新建，因此企业投资支出降低。从托宾 q 理论可知房地产价格变动对企业投资需求的影响，这一机制可以表示如下：

房地产价格变动→q 值的变化→企业投资变化→总支出变化。

（二）预期效应

房地产价格变动的预期效应是指房地产价格变动会影响市场中经济主体对未来经济的预期。当房地产价格上涨时，经济主体对未来经济的发展状况持乐观态度，经济主体会增加投资，使得总产出增加；当房地产价格下跌时，经济主体对未来经济发展状况持谨慎态度，经济主体投资趋向谨慎，投资受到限制，从而总产出受到影响。

（三）公司资产负债表效应

公司资产负债表效应又被称做非对称信息效应或资产价格变动信贷渠道效应，公司资产负债表效应是通过房地产价格变动影响公司资产负债表而实现的。房地产价格的高低影响企业抵押资产的净值，企业通过资产抵押的方式向银行贷款，企业的净资产价值越低，意味着银行向公司提供贷款时面临的逆向选择和道德风险就会越高。这是因为：如果公司的净资产价值较低，那么公司贷款时提供的有效抵押品的价值就会较低。银行向企业发放贷款时来自逆向选择的潜在损失就非常的大，银行出于安全性的考虑，在贷款时趋向更谨慎，这就导致企业在通过银行贷款筹集资金的过程中的借款能力较低。由于资产的量的减少，企业的投资支出就会减少，进而总产出也会减少。

另一方面，公司净资产价值越低，道德风险就越高。因为较低的净资产意味着公司股权资产较低,在股权资产较低的情况公司会从事高风险的投资。而高风险投资会导致企业债务违约率的上升,银行出于对资产安全性的考虑借款意愿下降,这也会导致企业可获得的用于投资的资金减少,从而影响总产出。这一机制可以表示为:

资产价格降低→企业的净资产价值降低→企业可用于抵押的资产价值下降→企业的筹资能力减弱→企业投资减少→总产出减少;反之则相反。

4.2.3　房地产价格变动对通货膨胀预期的影响

由于房地产价格变动包含对未来经济状况预期的信息,因此房地产价格变动会对通货膨胀预期产生影响。当房地产价格迅速上涨,一方面居民的名义财富和企业的价值就会增加,这就刺激了居民对商品和服务的消费、企业投资的增加;另一方面,如果房地产价格上涨使得居民预期未来的物价水平会上涨,源于房地产价格上涨而提高的消费者情绪也会刺激消费的增长,在这两方面因素的作用下,实际通货膨胀水平也会增加。当房地产价格影响未来通货膨胀预期时,即使房地产价格变动不对通货膨胀发生直接作用,也会影响企业和居民的投资和消费行为,并且对未来通货膨胀的预期会使居民提出增加工资的要求,这就会导致成本推动型和需求拉动型通货膨胀同时发生。

4.3　房地产价格对通货膨胀的传导机制

房地产价格的波动不仅对宏观经济产生影响,而且推动资产型通货膨胀向实物型通货膨胀传导,进而影响通货膨胀的动态发展。从理论上讲,资产价格隐含了未来的价格信息,而房地产作为一种资产其价格也会影响到未来的通货膨胀水平。一方面,房地产价格波动会通过各种传导渠道影响一个国家通货膨胀的水平,另一方面,通货膨胀也会通过各种效应影响房地产的需求和供给,从而影响房地产价格,两者之间存在着螺旋互动的关系。

以中国为例,近十年来伴随着房价的持续高涨,物价也开始快速上升。1998 年 3 月至 2010 年 12 月,房价指数与物价指数的变动保持了较高的一致性(见图 4 - 9),相对于物价指数的上涨,房价指数的上涨幅度要大,上涨时间要早。即资产价格的变动具有"超调"性,使得通货膨胀的变动与资产价格的变动存在着不同步的现象。因此,房地产价格作为资产型通货膨胀的重要领先经济指标,其与通货膨胀的互动关系就显得非常重要。

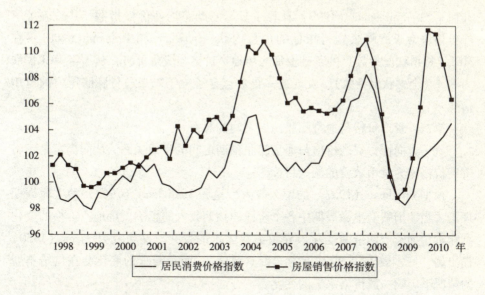

资料来源：同花顺金融终端。

图 4 - 9   中国房地产价格与通货膨胀率的波动趋势（1998—2010 年）

4.3.1   相关文献回顾

（一）国外学者的研究

国外学者对资产价格与通货膨胀关系的研究，大体上从以下三条思路展开。

第一，资产价格与通货膨胀的测量。

这一条思路是将资产价格作为未来商品价格和服务价格的替代纳入到通货膨胀的测量中去，具体探讨资产价格在测量通货膨胀中所占的比重。其代表人物是对资产价格和通货膨胀关系研究较早的费雪，他提出的著名理论费雪效应假说（Fisher，1930），指出实体性资产的预期名义收益率等于预期实际收益率与预期通货膨胀率之和。当预期实际收益率比较稳定时，则通货膨胀仅对名义资产价格产生正向影响，预期名义收益率与预期通货膨胀具有正比关系。与股票市场类似，房地产市场中的投资者也可能存在货币幻觉。Fisher（1911）也指出，政策制定者应致力于稳定包括资产价格（股票、债券和房地产）以及生产、消费和服务价格在内的广义的价格指数。

Alchian 和 Klein（1973）认为，资产价格反映了人们对未来商品与服务的预期，因此可用作未来商品与服务价格的代理变量。Shibuya（1992）建立并命名了动态均衡价格指数，他将该指数表示为当期物价指数和资产价格的加权几何平均。Shiratsuka（1999）计算了日本的动态均衡价格指数，并检验了资产价格作为通货膨胀先行指标的信息内涵。Goodhart 和 Hofmann（2001）在 MCI（货币状况指数）的基础上加入房地产价格与股票价格，从而将 MCI 扩展为 FCI（金融状况指数），发现这一指数包含了关于未来通货膨胀压力的有用信息。

第二，资产价格与通货膨胀预期之间的关系。

这一方向探讨资产价格与通货膨胀预期之间的稳定关系，从而决定是否将资产价格作为货币政策的调控目标。

根据 Friedman（1957）的恒久收入理论和 Modigliani（1963）的生命周期理论，当期消费受生命周期中各个阶段的预期收入的影响。房地产价格的变化意味着预期资产回报的变化，导致消费需求的变化。这也就是 Pigou（1930）提出的"庇古效应"，也被称为"财富效应"，而总需求的变化会在供给不变的情况下影响一般价格水平的变化。

Kent 和 Lowe（1997）研究了资产价格波动对产出和通货膨胀的不对称性效应，即资产价格的下跌比上涨对产出和通货膨胀有更大的影响。Smets（1997）构造了一个结构模型，指出包括房地产在内的资产价格强烈地受到未来预期回报的影响，而未来预期回报则分别受到未来经济景气、通货膨胀与货币政策预期的影响，非预期到的资产价格波动可以影响到通货膨胀预期。并阐明了为什么未来预期的资产价格变动可以影响通货膨胀预期的两个理由。一是资产价格的变动通过影响家庭财富和消费支出，影响企业融资的能力和投资支出，直接影响总需求。二是资产价格受到未来预期收益的影响，而未来预期收益又受到未来经济活动、通货膨胀与货币政策的影响。所以，资产价格的变动中含有的现在和将来经济情况的有用信息可用于改善通货膨胀预期的预测。可见，房地产等资产价格的变化可能会通过财富效应来影响到即期的价格水平，也可能会影响到人们对未来的通货膨胀预期，房地产等资产价格里隐含着现在的或未来的价格水平信息。Filardo（2000）认为资产价格膨胀与消费物价上涨之间有关系，但其关系并不精确，原因在于房地产价格与股价可以因一些与通货膨胀预期无关的因素发生变化，如投资者的风险偏好与公司收入预期的改善都会影响股价。

Piazzesi 和 Schneider（2007）解释了通胀幻觉对资产定价所产生的影响，文章中采用了均衡分析的思想框架，认为有货币幻觉存在的情况下，投资者利用名义利率进行投资，使得股票的名义回报和实际回报间形成偏差，进而为美国 20 世纪 70 年代的通胀高涨和 21 世纪初的房地产繁荣提供了理论依据。

第三，资产价格对未来通货膨胀与产出影响的实证分析。

在这方面大部分文献都支持房地产价格对未来的通货膨胀与产出具有显著的预测力，并且这种预测力强于股票价格。如 Filardo（2000）发现住房价格波动能够为未来的消费价格膨胀提供有益的信息。Goodhart 和 Hofmann（2000）发现房价对产出具有高度显著的影响，并且在两年水平上，房价是物价膨胀的有用指示器，他们于 2002 年估计了 G7 国家中房价对产出缺口的影响，结果发现房价对产出缺口的影响大于股价对产出缺口的影响。Kontonikas 和 Montagnoli（2002）估计了房价对总需求和通货膨胀的影响，发现房价对于总需求具有重要的影响，并且住房价格波动与未来的消费价格膨胀之间具有高度的正相关性。Tkacz 和 Wilkins（2006）分别检验了股价与房价对加拿大 GDP 和通货膨胀的预测能力，发现房价能够帮助预测未来产出与通货膨胀。Brunnermeier 和 Julliard（2008）研究了英国和美国的房地产市场，他们在排除掉代理效应和通货膨胀风险溢价效应后证实了英美房地产市场存在着通胀幻觉效应。他们认为，当通胀处于较低水平时，投资者通过房地产按揭贷款购买住房，住宅的月度租金会高于抵押贷款利息，则购买住宅显得较为划算，他们便倾向于购买而不是租赁，这时住宅价格上涨。但他们注意到，此时通货膨胀下降，用于支付未来抵押住宅的实际成本上升。投资者只是在较明显的低名义利率的基础上执行按揭支付决策，却不注重甚至是忽略了通胀预期对于未来住房抵押的实际成本的影响。

（二）国内学者的研究

近年来，国内学者开始以包含房地产价格在内的资产价格为对象，研究如何构建广义价格指数。王恒（2007）构建了一个包含房地产价格的新通货膨胀指数，结果显示新指数可以使既定的货币政策更加有效。封北麟等（2007）、陆军等（2007）估计了中国的金融状况指数 FCI，结果表明 FCI 对于通货膨胀具有良好的预测能力。国内文献中单独以房价作为对象探讨其与通货膨胀、产出关系的文献相对较少。王维安等（2005）的实证研究发现房地产预期收益率与通货膨胀预期之间确实存在稳定的函数关系。戴国强和张建华（2009）选择股票、汇率、房地产价格等影响通货膨胀的因素，运用 ARDL 模型对中国资产价格和通货膨胀的关系进行经验分析。结果表明：房地产价格和汇率两个指标作用显著，而股票作用较弱。

刘仁和（2009）应用动态戈登增长模型，将反映股市估值水平的红利—股价比率分解为代理效应、通货膨胀风险溢价效应和货币幻觉效应三个动态部分。通过实证分析表明：代理效应不存在，通货膨胀风险溢价效应的解释力弱，而通货膨胀解释了货币幻觉效应时序变化的较大部分，说明近十年来中国股市两次暴涨主要是在长期低通货膨胀背景下，通过投资者的货币幻觉引起的。刘萍萍（2010）采用5个变量的VAR模型对中国1991年以来3次不同性质通货膨胀对股票价格的影响进行了实证分析。研究发现，中国不同性质通货膨胀对股价的影响不同，适度通胀刺激了股票价格上涨，恶性通胀抑制股票价格上涨甚至阻碍股票市场发展。

国内现有研究的不足主要在于：（1）大部分文献以资产价格，尤其是以股票价格作为研究对象，单独对房地产价格进行的研究比较少；（2）对房地产价格单独进行研究的文献中严格的理论分析与实证检验较少。鉴于此，本节将重点沿着第二个方向分析房地产价格影响通货膨胀与产出的理论机制。

4.3.2　房地产价格变动对通货膨胀的影响机制

从理论上讲，房地产价格对通货膨胀的影响可以借助于Mishkin（2001）的解释，Mishkin认为资产价格波动主要通过四个渠道对国民经济产生影响：一是家庭部门的财富效应；二是"托宾的q理论效应"；三是企业的资产负债表效应；四是家庭的资产负债表效应。通过这些渠道资产价格变动将作用于消费、投资，引起总需求变化。根据宏观经济学的原理，当社会的总需求大于总供给时，即形成超额总需求时，经济体将形成通货膨胀的压力，当总需求持续增加超过社会的实际生产能力，并在短期内无法改变时，在价格黏性的条件下，通货膨胀形成。综上，资产价格效应表明，资产价格与总需求有同向变动关系，因而资产价格与未来通货膨胀正相关，房地产价格的上涨因此形成通货膨胀压力。

具体说来，以房地产价格为资产价格的代表，房地产价格上升影响通货膨胀，主要通过以下四条途径。

（一）家庭财富效应

房地产是中国居民持有的重要财富，当房地产市场发生波动从而房地产价格波动时，人们的财富存量会发生变化，从而直接影响人们的收入分配、消费支出和消费决策，进而影响总需求和经济增长，这就是房地产的"家庭财富效应"。主要体现在以下两方面：

第一，房地产价格波动直接影响家庭出售其房产所能获得的收益，从而影响其消费支出。家庭或个人持有的资产主要有两大类，即房地产和股票。股票具有较高的流动性和较强的价格波动性，人们很难确定股票价格变动是一次性变化还是永久性变动，因此，股票价格变化所带来的财富效应具有不稳定性。

然而，房地产价格变动则与之不同，由于房地产是一种不动产，具有较低的流动性，这也决定了房地产价格的相对稳定性，从而使得其财富效应通常较大。另一方面，房地产的不易分割性决定了其是一种很好的抵押资产，因而在房地产价格上升过程中更容易获得抵押贷款，从而扩大消费支出。

第二，房地产的杠杆效应也使得其财富效应更加明显。人们在购买房产时，只需要用自有资金支付部分房屋价值，而另外部分则可申请向银行贷款，并以所购房产作为抵押。因此，人们在购置房产时便享受了用部分资金享有整个房地产价格上升所带来的效用与收益。同时，由于购房时无须支付全部价款，相当于增加了即期收入，从而增加当前消费支出，促进通胀的形成。

根据生命周期理论（Modigliani，1985），理性的消费者采用合理的消费方式使用自己的收入进行消费，且其消费的唯一目标是实现其效用的最大化。每个消费者在每一时点上的消费与储蓄决策都反映了消费者在其生命周期内达到的消费的理想分布状况，且每个消费者都要受约束于消费者在其整个生命周期内所能获得的总收入，即每个消费者都根据自己一生的全部预期收入来合理安排其消费支出，以模型表示为

$$\max E_t \left[\sum_{t=0}^{T} \frac{u(C_t)}{(1+\theta)^t} \right] \tag{4.2}$$

$$s.t. \quad A_{t+1} = (1+r_t)(A_t + Y_t - C_t) \tag{4.3}$$

上述式（4.2）、式（4.3）中，C_t 表示消费者 t 期的支出；A_t 表示消费者 t 期持有的资产；Y_t 表示消费者 t 期的收入；A_{t+1} 表示消费者 $t+1$ 期持有的资产；r_t 表示利率；θ 表示时间偏好。

对上述式（4.2）、式（4.3）求导数，可得该消费者的最优消费路径为

$$C_t = \frac{r}{1+r} A_t + \frac{r}{1+r} \sum_{k=0}^{T} \frac{E_t Y_{t+k}}{(1+r)^k} \tag{4.4}$$

若假设消费者收入服从 $AR(1)$ 过程，则可将当期消费支出表示为当期资产和当期收入的函数，即

$$C_t = \beta A_t + \gamma Y_t \tag{4.5}$$

在上述讨论中假定资产中仅包含房地产和股票，且二者所带来的财富效应不等，从而其消费函数可写为

$$C_t = \beta_1 HP_t + \beta_2 SP_t + \gamma Y_t \tag{4.6}$$

（二）银行资产负债表效应

银行通过以房地产为抵押对家庭购房进行贷款。当货币扩张带来房地产价格上升时，银行的信贷抵押品价值上升，它们发生损失的可能性下降，就会增

加信贷。由于许多投资与消费都是依赖于银行的，就会带来总需求的上升，同样导致通货膨胀。

根据 Bernanke、Gertler 的信贷观，房地产价格上涨使抵押物价值随之增加，企业融资约束放松，银行贷款扩张意愿增强，进而导致投资支出也增加。总之，房地产价格的上涨将导致投资水平的全面增长。在简单的国民收入核算中，由收入—支出法可得

$$Y = C(Y,HP) + I(i,HP) + G(Y) = C(Y,HP) + S(i,Y,HP) + T(Y)$$

$$(4.7)$$

式中，Y 是产出；C 是消费；I 是投资；G 是政府购买；S 是储蓄；T 是税收；HP 是房地产价格；i 是利率。假设政府收支平衡，因此有 $G(Y) = T(Y)$。从而，式（4.7）可以写为

$$I(i,HP) = S(i,Y,HP)$$

$$(4.8)$$

对式（4.8）两边求 Y 对 HP 的导数可得

$$\frac{\partial Y}{\partial HP} = \frac{I_{HP} - S_{HP}}{S_Y}$$

$$(4.9)$$

S_{HP} 表示房地产价格波动对储蓄的边际影响。考虑到经济主体的异质性，房地产价格上涨对不同经济主体的储蓄行为将产生不同影响。对于已有住房者，房地产价格上涨通过财富效应和信贷渠道刺激增加消费而减少储蓄，或者投资于住房而减少储蓄；对于无房并准备购房者，房地产价格上涨使他们的预防性动机增加，为购买更高价格的住房，他们不得不增加储蓄。因此，S_{HP} 的符号取决于两种效应的对比，当房地产价格上涨对储蓄增加的刺激作用大于其对储蓄减少的刺激作用时，$S_{HP} > 0$，表示房地产价格对储蓄的边际影响为正；反之，$S_{HP} < 0$，表示房地产价格对储蓄的边际影响为负。但这涉及房屋的保有权结构、房屋在居民资产中所占的比重，从理论上很难判别，往往需要通过实证检验来确定。

下面用一个四象限模型表示房地产价格通过信贷渠道导致通货膨胀与产出（总需求）变动的机制，如图 4 – 10 所示。

其中，图 4 – 10 – 1 表示房地产价格与融资溢价之间的关系，在一个充满摩擦的信贷市场中，房地产被用做抵押物，当房地产价格上涨时（$HP_1 \rightarrow HP_2$），抵押物价值增加，公司或居民融资溢价下降（$R_1 \rightarrow R_2$），因此房地产价格与融资溢价之间反向变动。图 4 – 10 – 2 表示可得资金的供求机制，假设初始可得资金的供求由 FD 与 FS_1 表示，初始均衡点是 e_0，当融资溢价下降后，意味着资金提供者愿意以更低的价格提供同样数量的资金，因此可

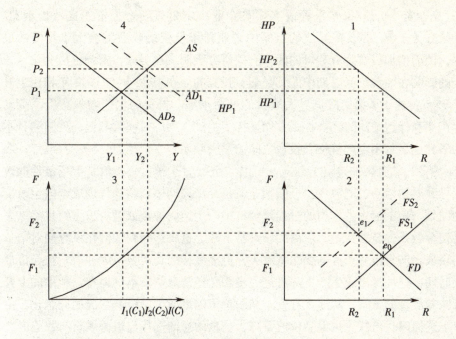

图 4 – 10　房地产价格影响通货膨胀、产出的四象限模型

得资金供给曲线左移到 FS_2 ，均衡点由 e_0 移到 e_1 。这样可得资金由 F_1 上升到 F_2 。图 4 – 10 – 3 表示可得资金与投资（消费）之间的关系，随着可得资金由 F_1 增加至 F_2 时，经济主体的融资约束放松，企业（居民）会相应增加投资（消费）。图 4 – 10 – 4 表示总供给与总需求的均衡关系，当投资（消费）增加时（ $I_1 \rightarrow I_2$ ），总需求也相应增加，总需求曲线由 AD_1 移到 AD_2 ，假设总供给在短期内不变，总供给曲线 AS 也保持不变，因此总价格水平与产出将从（ P_1 , Y_1 ）增加为（ P_2 , Y_2 ）。经济系统中产出与物价的新均衡点与新的房地产价格保持一致性变动，当房地产价格再次上涨时，产出与通货膨胀也相应增加。

（三）企业投资效应

房地产市场对实际经济的重要影响是通过投资实现的。如果将房地产市场对投资的影响因素进行分解，这其中除了市场本身的制度设计之外，房地产价格变动对实际投资的形成与引导起了重要作用。

一般认为房地产价格会通过三个渠道对投资产生影响：托宾的 q 效应；"金融加速器"效应；财富效应—替代效应。

第一，托宾的 q 效应。托宾认为企业的资产价格与其资本重置成本的比率

q（企业资产价格/资本重置成本）是企业决定是否新增投资的良好指示器。如果 q 大于 1，那么在开放的市场中企业新增投资的收益就会大于投资的成本，因而增加投资是有利可图的。有关研究表明，在美国，资产价格变化对投资的影响在经济扩张时期中尤其强烈，托宾的 q 在 1986 年与 1942 年相比上升了 75%，达到了第二次世界大战后的最高水平。投资的快速增长在提高劳动生产率和保持美国的经济扩张方面发挥了关键作用。对澳大利亚、英国和日本的研究也显示出资产价格和投资之间的紧密联系。

第二，"金融加速器"效应。所谓"金融加速器"是指信贷市场条件的改变导致对初始冲击的放大。金融加速器是经济周期中贷款的代理成本内生改变的结果。该渠道发生作用的过程是经济中一个逆向冲击或经济扩张的自然结束会使金融条件显著变差，厂商的净财富下降，这将影响到他们在该时期对信贷的获取，信贷市场条件的变化将放大并传播最初的货币或实际冲击。在经济低迷时期，这种支出或生产下降将进一步恶化经济。从资本价值看，利率的上升意味着股价的下跌，从而现有资本品的价值随之减少，资产状况相应恶化。由于上述原因，借款人担保品价值下降，贷款的逆向选择与道德风险问题趋向严重，结果部分资信状况不佳的借款人既无法从市场直接融资，又无法获得银行贷款，导致投资与产出额外紧缩。

第三，财富效应—替代效应。在货币供应量一定的情况下，用于资产交易与消费品交易的货币具有此消彼长的关系。资产价格上涨会产生财富效应刺激消费，但也会产生了很强的替代效应。在资产价格持续上升的过程中，人们会把更多的货币投向具有盈利机会的资产市场中，主要是股市和房地产。在一定程度上减弱了居民的购买力，延缓了消费的升级过程，降低了通货膨胀的产生几率。比如：在中国有两个典型的时期，一是 1994 年左右的高通货膨胀率与较低的股市增长相应，二是 1999 年以后的房地产价格上升与通货紧缩相应。

首先，财富效应与投资行为分析。企业投资行为不仅会受到资本使用成本的影响，同时企业自身的行为、资产状况以及金融市场波动状况也会影响到企业的投资决策。以下从资产价格波动影响企业融资成本从而影响企业总体财富，以及资产价格波动影响企业流动性财富两个方面展开来分析企业的财富效应。

第一是企业的融资需要通过信贷渠道以及资本市场渠道获得。如果资产价格的波动影响到企业融资的供给方，那么必然会影响到企业的融资成本，从而通过财富效应的收缩来影响企业的价值。在一个不完全的市场上，筹资者与投资者之间往往存在信息不对称的现象，企业从资本市场融资就必须要付出高昂的信息成本以及交易成本。梅耶斯的融资偏好次序理论阐述了由于信息不对称带来的企业融资成本的变化，从而引起企业融资方式的转变；外部资金的获取相对于内源融资来说具有更高的融资成本，外部融资成本的相对较高，限制了企业从资本市场获得资金的能力，因而代理成本的高低影响了企业的净财富。如果外部融资成本上升，企业净财富减少，企业的融资—投资决策就会延后。如果外部融资成本下降，企业的净财富增加，企业的融资—投资决策就会实施，从而影响了一国总体的投资额。因此，资本市场效率的高低同样会影响企业的融资—投资行为。

第二是流动性理论分析企业部门需要保持一些流动性资产以用来应付可能出现的风险。股票等金融资产的流动性较之不动产等耐用消费品要高。当股票价格上涨，持有股票的企业和个人就拥有了更大的流动性，因此个人会扩大消费，企业会增加投资，以降低自己多的流动性。从而对实体经济的物价等产生重要的影响。资产价格的波动同样影响了企业的流动资产的增量，从而影响了企业的总体财富同时也影响了投资扩张行为。

其次，替代效应与企业投资行为分析。以资产价格变动引起对实际投资行为的挤占作用来分析替代效用在企业投资行为分析中的作用。资产价格的膨胀使得资本回报迅速上升，如果资产价格的上升变成一种长期的预期，那么就可能产生对实际经济的替代作用，减少对实际投资的需求。从企业来讲，企业是理性人，它追求的是效用的最大化，因而它只会从自身的利益出发。资本市场的繁荣也有可能使企业手中的金融资产价格大幅度上涨，从而使企业的流动性得到增加，企业就会进行实物资产的投资，此时的财富效应发生了作用。当股票在内的金融资产价格的大幅度下跌，从而形成一种长期的预期之后，企业认为手中资金进行实际投资行为的机会成本大幅度下跌，企业倾向于进行实物资产的投资，这就是金融资产价格下跌带来的替代效应发挥作用。而金融资产价格的下跌又带来了企业的流动性约束，企业又会减少实物资产的投资。最终企业的投资行为就由财富效应和替代效应两者的作用的大小来决定，对总投资的影响取决于两者力量的对比。对于消费者来讲，股票市场的繁荣导致手中大量的资金投入到股票市场中去从而导致固定资产购买的减少。当金融市场出现资产价格的膨胀，替代效应可能使大量的投资资金投向金融市场，从而对消费品的投资资金减少，财富效应可以使得投资者资金较之前充裕而增加对实物资产的投资。

（四）通胀预期效应

房地产价格受未来收益预期的影响，这又关系到对未来经济行为的预期，因而房地产价格包含了关于未来经济条件的有用信息（Smets，1997），这些信息可用于改善对未来通货膨胀的预期。Mishkin（2009）、Borio（2008）等人的研究中，分析了微观主体对资产价格的预期和商品价格的预期是如何互动和替代并作用于商品价格变动的，在此基础上有效提取了资产价格反映的市场微观主体的预期信息（资产价格信息的优势在于及时提供市场微观主体的预期信息），以及在通胀识别先行指标中引入市场预期变量，如从资产市场价格中提取的利率期限结构信息和风险溢价等变量。也有学者认为理性估价的房地产价格反映了预期收入折现后的均衡回报。如果这些预期所确定的宏观经济中基础因素能预期方向发展并产生影响，或市场预期没有出现系统性偏差，资产价格也就可以用于中央银行对实际经济活动和通货膨胀的预测。

从理论上说，资产价格能够提供未来商品价格的信息，换言之，资产价格隐含了对未来商品价格的预期，隐含了通胀预期。可以从两个角度分析资产价格的含义：第一，通过分析资产价格的变动，能够得到市场对未来商品价格预期的变动，即通胀预期的变动；第二，通过分析资产价格和商品价格的差异，能够得到未来商品价格和当期商品价格的差异，即资产价格隐含的通胀预期。如果差异较大就说明经济处于失衡状态，相对价格体系必须作出调整。房地产价格的过度上涨，其实恰恰反映了投资者对通胀预期的强化结果。因为通胀预期一般具有自我实现机制，社会公众一旦形成强烈的通胀预期，就会改变其行为方式，对产品和资产的需求会相应上升，进而导致资产价格加速上涨，从而形成潜在通胀压力。而这些产品或资产的价格一旦形成上涨趋势，会进一步加剧通胀预期，从而进一步加大购买需求，导致通胀的螺旋式上升。

导致金融资产价格波动的因素是多样而复杂的，资产价格波动本身并不能给中央银行提供多少有用的信息。但是，如果存在一个无套利均衡的效率市场，就可以根据风险中性定价原理从均衡资产价格反推出市场风险中性概率分布，同时可以计算出投资者预测未来的风险升水值（risk premium）。中央银行只需要从均衡资产价格中剔除掉风险升水值就可以获得投资者对未来市场状况（诸如通货膨胀、利率和汇率等宏观经济变量）的理性预期值。例如，如果存在着一个大量交易诸如公债期货的有效远期利率协议市场（Forward Rate Agreement，FRA），根据理性预期理论，远期利率 $f(t,\tau,T)$ 可以表示为

$$f(t,\tau,T) = E_t i(\tau,T) + \varphi^f(t,\tau,T) \qquad (4.10)$$

式中，$f(t,\tau,T)$ 表示交易日为 t、期货交割日为 τ、到期日为 T 的公债期货远期利率值；$E_t i(\tau,T)$ 表示市场参与者对交割日 τ 利率水平的理性预期值；$\varphi^f(t,\tau,T)$ 表示远期风险升水值。显然，如果我们能计算出远期风险升水值

$\varphi^f(t,\tau,T)$，就能从远期利率中分离出市场参与者对未来利率水平的理性预期值 $E_t i(\tau,T)$。

在债券定价理论中，市场中无套利机会的存在隐含着一个风险中性的随机贴现因子 $D(t,T)$（Stochastic Discount Factor，SDF），根据随机贴现因子定价模型就可以获得远期风险升水值的理论表述。随机贴现因子定价理论认为，一项在时间 T 可以获得随机收益 $x(T)$ 的资产在时刻 t 的期望价格 $V(t,T)$ 可以表示为

$$V(t,T) = E_t[D(t,T)x(T)] \tag{4.11}$$

在风险中性的假设前提下，我们可以认为基于已获得信息，随机贴现因子在时刻 t 服从对数正态分布 $\log(D(t,T) \mid \Omega) \sim N(0,1)$，其中，$\Omega$ 表示市场参与者可以获得的信息集。利用随机贴现因子对数正态分布的统计性质，我们可以得到市场参与者的远期风险升水值：

$$\varphi^f(t,\tau,T) = -\frac{1}{2}(T-t)Var_t i(\tau,T) - Cov[d(t,\tau),f(t,\tau,T) - i(\tau,T)]$$

$$\tag{4.12}$$

式中，$d(t,T) = \ln D(t,T)$，公式左边第一项是 Jensen 不等式（Jensen Inequality term），第二项是随机贴现因子 $d(t,T)$ 与超额收益 $f(t,\tau,T) - i(\tau,T)$ 之间的协方差。

通过在金融资产价格与宏观经济变量之间建立隐含函数关系这种方法的一个前提是：金融市场上的参与者要有足够的代表性，必须反映整个社会对未来宏观经济走势的理性预期；金融产品的选择也要有足够的代表性，必须反映整个宏观经济状况的基本走势。就这一点而言，房地产价格指数比其他金融资产价格更具有代表性。

在当期情况下，通货膨胀预期已经越来越深地影响到经济通胀状况，无论是惜卖心理还是囤货心理，人们对于未来价格走势的预期都已经极大地影响到他们的当期消费，进而影响当期价格水平。为了反映通货膨胀预期，也有必要引入资产价格，因为资产作为未来消费的当期贴现，包括了未来物价水平的信息，是人们在整个生命周期中未来消费的一种当期价格，可以作为通货膨胀预期值的一个较好替代。

总的来说，房地产价格波动影响通货膨胀的作用机制见图 4-11。

4.3.3 通货膨胀对资产价格的影响机制

通货膨胀是对房地产价格有着重要的影响，从大的方面来讲，主要分为直

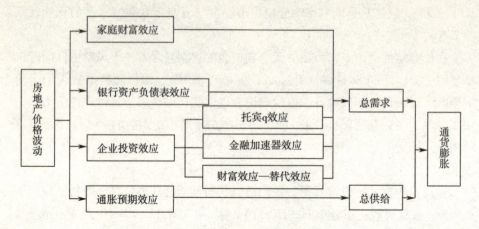

图 4 - 11　房地产价格波动影响通货膨胀的作用机制

接影响和间接影响。直接影响是指在通货膨胀的驱动下房地产的建筑成本、工人工资、租金上涨，实际的信贷利率下降，这些能够直接影响这房地产的供给和需求。间接影响是指通货膨胀发生后，政府往往通货提高金融机构存款准备金率、金融机构存贷款利率等途径来实行紧缩的货币政策。通货膨胀正是通过这些途径作用于房地产价格，从而引起房地产的投资和消费变动，进而引起总供给和总需求的变化。

由于房地产作为一种特殊的商品，具有消费品和投资工具的双重属性。房地产作为纯粹的投资品时，通货膨胀对股票价格的影响机制也会在一定程度以同样的方式影响房地产价格。但是房地产作为一种持久资产，其流动性较差，通货膨胀对其价格的影响又有其特殊性。商品的价格是有供求双方决定的，下面主要通过分析通货膨胀对房地产的需求与供给，进而分析对房地产价格的影响。

（一）通货膨胀影响房地产消费需求

通货膨胀影响房地产投资需求即通货膨胀的利率效应和替代效应。

第一，利率效应。通货膨胀通过利率影响房地产价格可以分为直接影和间接影响。当市场上发生通货膨胀时，在资金的名义利率不变的情况下，实际利率会降低，人们从资产保值的动机出发就会改变资产组合，资产组合中贵金属、证券资本和房地产的不动产等资产的持有就会增加，这就客观上增加了对房地产的需求，人们就会把资金从银行转移进入房地产，从而促进房地产价格的上升，这就是通货膨胀通过利率对房地产的直接影响。从间接影响来看，一提到通货膨胀，人们想到的往往是加息，通货膨胀是原因，加息是结果，这对房地产市场不利，会推动房地产价格的下跌。但是如果加息的幅度小于通货膨胀的幅度，实际利率为负数，那么对房地产价格未必是坏事情。如果政府对市场的调控还不能改善负利率的状况，那么房地产作为在通货膨胀中具有保值功能的资产，必然会受到出于保值动机的投资者的追逐，从而使得房地产的需求增加，房地产的价格上升。从中国的数据来看，在一年实际利率为正的情况下，房地产价格指数是下滑的，而在一年及一年以上的实际利率为负的情况下，房地产的价格指数是上涨的。

第二，替代效应。通货膨胀发生时，人们对于各项商品和劳务的支出增加，同样，对于那些租房租住的人们而言，租金也随通货膨胀的发生而上升。由于购买房产和租住房产具有可替代性。因此租金的上升将使得更多的人购买住房而不是租住房屋。在租金上升的同时，一般伴随着房地产价格的上升（由图 4 - 12 可知，房屋租赁价格指数和房屋销售价格指数之间具有较强的同向波动关系）。同时，在房地产价格上涨的背景下，人们预期未来房地产价格将持续上升，因而增加即期购房需求，从而加剧房地产价格上涨。

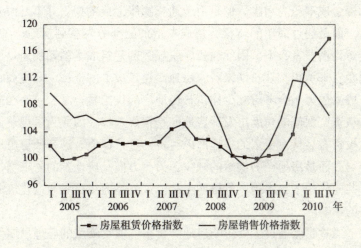

资料来源：同花顺金融终端。

图 4 - 12　房屋租赁价格指数和房屋销售价格指数变化趋势

（二）通货膨胀影响房地产投资需求

通货膨胀影响房地产投资需求即房地产保值效应，指通货膨胀时期，房地产是很好的保值产品，为使资产保值，增加了对房地产的需求。

当通货膨胀发生时，整体物价上涨，货币贬值，购买力下降。如果银行存款名义利率不变的话，实际利率下降或有可能为负数，银行储蓄失去对货币的增值保值功能。中国目前的投资渠道主要是股票市场与房地产市场。但通货膨胀时期，股票市场的风险大，货币增值保值效果不佳。而房地产资产作为一种持久性资产一般具有风险小，升值空间大等特性。因此，投资房地产成为通货膨胀时期相当好的保值品。同时，由于中国的利率受到管制，贷款利率调整缓慢，居民采取贷款买房在经历通货膨胀的还款期内，偿付住房投资贷款所用的未来货币等价于购买房屋时的货币价值，实现了对未来货币的保值。通货膨胀造成的货币贬值，有力地促进了投资性房地产的需求。

（三）通货膨胀影响房地产供给

通货膨胀影响房地产供给即成本效应。成本效应是指通货膨胀使生产成本增加（如劳动力成本等）直接推动房地产价格上涨，这主要通过以下三种渠道实现。

第一，通货膨胀通过建筑成本影响房地产价格。建筑成本包括原材料成本、人工成本、机器使用费用等，建筑成本在总成本中的比重大约为 40%。从短期来看，通货膨胀上升会导致原材料成本、工资成本上升，使开发商的资金压力和资金成本压力增大。但是由于通货膨胀造成的损失并不是由开发商自己来承担，而是通过简单的转移，将成本增加的部分转移到房地产的价格上，并最终转嫁到消费者身上。因此通货膨胀导致的建筑成本的增加通过层层放大最终由消费者来承担。从长期来看，房地产建筑成本的提高，开发商在资金压力和资金成本压力下会考虑减少建筑，房地产的供给就会减少。而在通货膨胀发生时，从资产保值的角度出发，房地产是很好选择。因此为了规避通货膨胀的损失，投资者会持有更多的房地产以对资产进行保值，这就使得房地产的需求增加。一方面是房地产的供给的减少，另一方面是房地产的需求增加，这两方面力量共同作用下，房地产价格的上涨。这就是通货膨胀通过建筑成本对房地产价格的影响。

第二，通货膨胀通过工资影响房地产价格。通货膨胀的心理预期使得建筑工人等房地产开发从业人员有了更高的工资要求，进一步提高了房地产开发的成本压力。因此，通货膨胀导致房地产供给的减少。通过膨胀对工资收入的影响主要表现三个方面。

首先，通货膨胀导致名义工资收入的上涨。在通货膨胀的情况下，社会商品和服务的价格上涨，工人为了维持现有的生活水平，产生了提高工资的要求，在工会的帮助下工人的名义工资获得了提高。而工资的上涨，增加了建筑成本，从而影响了房地产的供给。

其次，通货膨胀通过名义工资的"货币幻觉"效应影响居民对房地产的需求。在通货膨胀背景下，工人的收入获得了提高，这种名义工资收入的上涨将会使居民产生"货币幻觉"，带来名义购买力的提升，从而使其对房地产需求增加，进而对当前名义房地产价格起到一定的支持作用。

最后，通货膨胀增加了出于资产保值动机的房地产需求。通货膨胀，货币贬值，但工资水平一定的情况下，人们为了资产保值更多的选择了房地产、贵金属等实物资产进行资产保值，规避通货膨胀带来的损失。这在客观上刺激了对房地产的需求，对房地产的价格起到了进一步推动的作用。

另一方面，中国房地产开发企业的资产负债率较高。高的资产负债率决定了财务成本在住房开发成本中的比重显著。倘若贷款利率在通货膨胀期间不及时调整，则债务人向债权人所偿还得实际本息下降，债务人受益而债权人受损。因此，通货膨胀会降低房地产的开发成本，从而有利于房地产供给的增加。尽管通货膨胀对房地产开发成本造成上述的影响，但房地产建造过程持续的时间较长，当期的通货膨胀难以在短时间内对住房供给造成影响。短期房地产供给刚性是房地产供给的一大特征。因此，通货膨胀对房地产的供给影响存在时滞效应，只有在通货膨胀持续较长时间时才会表现出来。

第三，通货膨胀通过租金影响房地产价格。买房和租房在某种程度上存在着一种替代关系，从两个方面满足人们对住房的需求。从这个角度来讲，租金的价格和房地产的价格存在反向变动的关系。这在一定程度上反映出人们对于房地产的刚性需求。从短期来看，房地产市场也存在明显的股票市场体征，买涨不买跌，当房地产价格上涨时，人们预期房地产价格还会继续上涨，购房意愿增加，当房地产价格下跌时，人们预期房地产价格还会进一步下跌，购房的意愿下降，租房的意愿上升，这就会带动租金收入比回升到正常的范围。而当租金过高时，人们租房的意愿开始下降，买房的意愿开始上升，带动房地产价格的上升，这种房地产价格与租金价格的反向变动在一定的程度上平抑了各自价格的下降，体现了房地产刚性需求对房地产价格和租金价格的支撑。

4.3.4 资产型通货膨胀的扩散机制

在研究资产型通货膨胀时，必须着眼于整体价格体系的变动，着眼于经济增长和通货膨胀走势关系的新特征。一般来讲，资产价格上涨向一般价格水平的扩散主要通过需求扩散机制和成本扩散机制。传统研究一直重视需求扩散机制，但从中国实际情况看，成本扩散机制的作用变得更加突出。成本扩散机制的存在，说明即使在实体经济仍然面临有效需求不足的情况下，通货膨胀压力也可能持续加大，使得宏观经济存在陷入"滞胀"的可能。下面分析资产型通货膨胀的两条扩散机制。

（一）需求扩散机制

需求扩散机制是指房地产价格上涨扩张了总需求，从而推动整体价格水平上涨。传统研究非常重视资产价格上涨的需求扩散机制，认为资产价格只有先扩张总需求，然后才会推升整体价格水平。大卫·休谟等古典学派经济学家认为，不管由于何种原因，当个别地区或种类价格率先大幅上涨后，人们都会把对其本身的需求转移至相关地区或替代品，从而推动其他价格上涨。凯恩斯之后的经济学家则进一步认为，资产价格上涨的需求扩散机制并不仅仅是需求转移，而是会增加总需求。比如，凯恩斯分析了国债对投资的影响，认为国债价格上涨导致国债收益率（利率）降低，压低了资金成本，刺激对实体经济的投资需求。托宾则分析了股票价格对投资需求的影响，认为股票价格上涨会提高托宾 q，当 q > 1 时，投资需求会扩张。莫迪利阿安分析了资产价格上涨通过财富效应对消费的影响，认为股票价格上涨会刺激消费需求增加。以上分析是建立在完全资本市场假定基础上的，假定不存在投资和消费需求的流动性约束。Bernanke 和 Blinder（1995）进一步分析了不完全资本市场中资产价格上涨对投资和消费需求的刺激，认为资产价格上涨会通过提高抵押价值增加了银行信贷投放，从而缓解投资需求的资金瓶颈。

（二）成本扩散机制

成本扩散机制是指资产价格上涨提高了生产生活成本，对居民消费价格形成成本推动型的上涨压力。这一机制有四条传导途径。

第一，资产价格上涨直接推动与其相关的商品和服务价格上涨。比如，房地产价格上涨会直接推动房屋租金价格，提高 CPI 中的"居住类"价格涨幅。以商品为标的的金融资产价格上涨会推动实体经济中相关商品价格的上涨，如国际大宗商品期货价格就对相关现货价格具有很大的影响力。

第二，房地产等资产价格上涨通过引发通胀预期推高各类生产要素价格，从而对整体价格水平产生成本推动型的上涨压力。相比途径一，途径二作用范围更广泛，也更为重要。具体机制分为以下几个步骤。首先，房地产价格上涨引发通胀预期。历史经验表明，由于房地产价格在价格体系中具有重要位置，房地产价格上涨会引发社会通胀预期。其次，通胀预期会提高生产要素要求的名义回报率。如果假定生产要素要求的实际回报率为 ρ，在存在通胀预期为 π^e 的情况下，生产要素要求的回报率会提高到 $\rho + \pi^e$。相比较资本而言，通胀预期对劳动力工资的影响会更加突出。工人在整个生命周期中只有中间几十年处于劳动时期，其他期间的消费完全需要依靠劳动收入形成的积累。通胀预期不仅要求提高用于当期消费的工资收入，还要求提高当期收入中剩余的部分，以维持生命周期中其他期间的消费。假定工人生命周期中可用于劳动期间的比例为 v ，非劳动期间的比例为 $1 - v$ ，则要求的名义工资会从 ρ 提高到 $(\rho + \pi^e)/v$ 。

第三，生产要素对更高名义回报率的要求能否实现取决于生产要素市场状况。一般来讲，在处于垄断地位的生产要素市场，或者供不应求的生产要素市场上，更高的名义回报率要求容易实现。在劳动力市场上，劳动力价格上涨要求是否能够实现，很大程度上取决于劳动力市场的状况。通胀预期会影响劳动力供给，在较强通胀预期下，如果名义工资不上涨，劳动力供给就会相应减少，不能满足对劳动力的需求。因此，近年来低端劳动力价格持续上涨，很大程度上缘于房地产价格上涨引发的通胀预期。

第四，生产要素价格上涨与农产品价格周期。生产要素价格上涨会推高 CPI，主要途径是劳动力价格上涨会推动食品价格上涨。这是因为：农产品生产和销售是典型的劳动力密集型行业，而且农业部门劳动生产率的进步效率要低于工业部门，这决定了劳动力价格上涨对食品价格的影响程度将显著大于工业部门。从作用机制看，食品价格具有显著的周期性波动的规律，劳动力价格上涨在短期会加剧周期波动的幅度，在长期将推升价格周期的中枢。

4.3.5 房地产价格与通货膨胀关系小结

综上，房地产价格变动对通货膨胀的影响是通过其对宏观经济中的消费和投资的影响来实现的。需要注意的是，房地产价格的上涨或下降对于宏观经济的影响不能简单的归结为推动或者抑制，因为实现路径是存在着差异的，且过程十分复杂和存在反复。因此，需要具体的情况具体分析，最终的结果由经济主体间的经济行为力量对比决定。通货膨胀对房地产价格的影响，具体应分别从通货膨胀对房地产消费需求、投资需求和房地产供给的影响出发，而且不同阶段或时期的通货膨胀程度、通货膨胀持续的时间等因素的不同都会导致结果的不同。通货膨胀如何从资产领域进一步传导到实物领域有一系列复杂的机制，需要我们透过繁杂外象，进而抓住问题的关键，方能从根本上解决存在的负面影响。

5

推动房地产价格上涨的
货币因素研究：国际比较分析

　　20世纪80年代以来，随着全球金融危机的不断爆发，资产价格泡沫（主要是房地产泡沫）对经济的负面冲击逐渐被人们所重视。首先是日本在80年代后期积聚了巨额的房地产泡沫，90年代泡沫经济破灭后进入了长期的通货紧缩，带来了经济发展"失去的十年"。随后90年代末爆发的亚洲金融危机同样也是部分归因于超常发展的房地产业，导致亚洲新兴国家遭受了经济重创；而美国2000年后"新经济"的神话不再，经济衰退的同时房地产却得到了空前发展，伴随着规模巨大的次级贷款，房地产价格一路飙升，最终2007年次贷危机爆发后带来了全球金融动荡。中国近几年房价迅速高涨，尤其是一些大城市高得离谱的房价已经引起理论界和政府部门的高度关注。特别是2010年下半年以来，资产价格上涨带动普通消费品价格上涨，通货膨胀势头已经显现。房价泡沫破灭以及通货膨胀对经济的负面影响不言而喻，而我们要探究如何治理资产泡沫，防范通货膨胀，首要任务是从源头上厘清推动资产价格上涨的因素，达到"防重于治"的目的。

　　推动房地产价格上涨的因素可以从供需两方面来分析，作为一种商品，供求决定价格是一般规律。从需求方面分析，影响房地产价格走向的因素有国民经济的持续发展（GDP）、居民可支配收入的增长（货币量）、替代性投资品的价格（如股价）等；从供给方面来说，则主要是原材料成本（价格水平）、贷款利率及政府政策导向等因素。纵观前述几次金融危机爆发前的资产泡沫积聚时期，并非该国经济高速发展的繁荣时期，一般价格水平CPI也处于较低的水平，即资产价格的持续上涨发生在消费物价下降和宏观经济稳定的环境中。货币及信贷增长都很强劲，尤其是中国的货币化率远高于其他发达经济体（见图5-1、图5-2），但是普通的物价通胀（goods price inflation）在许多国家并没有受到货币增长强劲的影响，即货币增长并未引起消费者物价指数 CPI 的一致上涨，反而房价增速明显超过 CPI 的膨胀程度（见图 5 - 3、图 5 - 4 及图 5 - 5）。在近期的房价与股价上涨潮中，许多人把这看成是资产市场的流动性溢出效应（liquidity spill - over）（Adalid and Detken，2007；Greiber and Setzer，2007）。

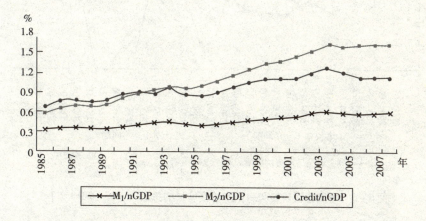

资料来源：根据国际货币基金组织 IFS（2008）公布的指标计算。

图 5 - 1　中国的货币化率（1985—2007 年）

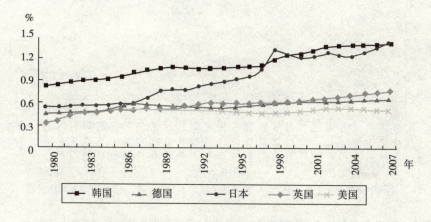

资料来源：根据国际货币基金组织 IFS（2008）公布的指标计算。

图 5 - 2　世界主要国家货币化率（M₂/GDP）的比较（1985—2007 年）

广义上的资产商品包括了实物型资产（如房产、黄金、邮票、字画、古董等）和金融性资产（如股票和各类金融衍生品），由于房产兼具消费品和投资品、需求刚性和价格弹性的双重属性，其价格波动对国民经济的冲击更为突

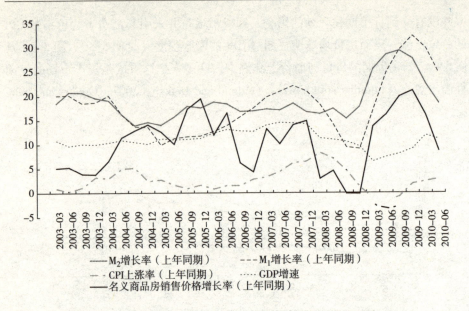

图 5-3　中国货币供给与房地产价格增长的关系（2003—2010 年）

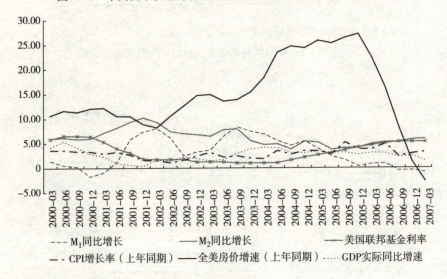

图 5-4　美国货币供给、联邦基金利率与房地产价格增长的关系（2000—2007 年）

出，因此我们主要考察房地产价格上涨与货币存量之间的关系。纵观前述几次金融危机爆发前的资产泡沫积聚时期，虽然房地产价格的持续上涨发生在消费物价下降和宏观经济稳定的环境中，但同时都伴有货币信贷的强劲增长。这种情况与中国近年来的状况极为类似，从图 5-1、图 5-2 及图 5-3 中我们可以明显看出宽松的货币政策对价格上涨和资产泡沫的推动作用。因此，这一事实

资料来源：根据 IFS 数据库和中经网统计数据库的指标计算。

图 5 - 5   日本货币供给与房地产价格增长的关系（1984—1990 年）

带给我们一个新的思考：资产价格的上涨是否是由过多的货币存量尤其是准货币的快速增长所推动的呢？基于这样一个假设，本章将选取三个典型国家美国、日本和中国各自的房产泡沫积聚时期为样本，作一国际比较分析，重点探究房地产价格上涨中货币因素的推动作用。

5.1   相关文献回顾

国外关于这一问题的理论文献主要是探究货币变量、房地产价格和宏观经济之间的多重联系。在传统货币主义者看来，货币政策传导过程中的核心是最优资产组合调整机制，它揭示了房地产价格与货币之间的两种联系渠道。货币扩张改变了货币存量及各种资产的边际效应，经济主体为恢复均衡而调整支出和资产组合使其边际效应重新趋于相等。这表明，货币量的增加会造成各种资产价格的上涨以及各种利率和收益率的下降。从这种意义上说，货币主义者将货币的变动视为整个利率与资产价格体系变动的反映指标，而这些变化又与支出和投资决策是相关的（Meltzer，1995；Nelson，2003）。同样地，Greiber 和 Setzer（2007）的研究表明，房地产价格的变化改变了房产存量的价值，引起资产组合重新平衡，这也使货币资产的需求进行调整。他们使用标准的脉冲响应分析，结果表明因果关系存在于两个方向：广义货币的增长造成房地产价格升高，反之则相反。Belke、Orth 和 Setzer（2010）在全球视野下研究了货币、普通商品及资产价格之间的相互关系，从资产市场和商品市场价格弹性不同的角度解释了在货币冲击下普通商品价格和资产价格的相对变化。

有关这个问题的经验研究也很多，一些学者最近强调货币政策的房地产价格传导作用，虽然他们是把重点放在利率变化作为政策工具而不是货币供应量这个工具（Goodhart and Hofmann，2007；Iacoviello，2005）。此外，关于货币和流动性是否影响资产价格并没有达成共识。Ferguson（2005）研究发现美国股票的真实回报与 M_3 的增长率基本没有相关性，当然，他也提出缺乏中长期正相关性的证据可能是由于股票价格波动性太大，或者需要有更好的流动性度量方法来找出流动性对股票价格的潜在影响。Gouteron 和 Szpiro（2005）使用广义货币与 GDP 的比例和私人信贷与 GDP 的比率两个指标考察在美国、欧元区、英国及日本过剩货币的效应，其结果除了英国之外没有发现显著的因果联系。Adalid 和 Detken（2007）探寻了在一系列工业化国家中广义货币增长对房地产价格的效应，发现彼此的联系比较显著特别是在资产价格膨胀时期。Del Negro 和 Otrok（2007）检验了货币政策对房地产价格波动影响的程度，结果发现在美国货币存量对房价的冲击很小但也不可忽略，这一结论与 Iacoviello 和 Neri（2006）的研究一致，他们的实证结果发现在美国房价和投资的变动原因中有15% ~20%的部分可由货币政策冲击来解释。Boone 和 van den Noord（2008）的研究估计了欧元区的考虑了真实股价与房价的货币需求方程，发现真实 M_3、GDP、两种名义利率和真实股价与房价之间存在的协整关系。Goodhart 和 Hofmann（2008）考察了17个工业化国家在过去30年来货币、信贷、房价与经济活动之间的关系，其分析建立在固定效应面板 VAR 基础上，发现在这些变量中存在显著的多方向联系，且在房价上涨期间更为明显。E. Oikarinen（2009）研究了金融自由化之后芬兰的资产价格与房屋贷款量之间的关系，表明两者之间有显著的双向关系，且房价比股价的效应更强，这种关系增大了经济的波动和金融各部门的脆弱性。这些经验分析有助于解释近些年真实房价变动的货币存量因素，但是由于他们使用的是单方程方法，其结果并不能很好刻画房产与货币及其他变量之间潜在的相互依存性。

另外，近年来也有不少国内学者的研究发现过剩的货币与资产价格上涨之间的高度相关性。钱小安（2007）从理论上分析了过多的货币导致资产价格泡沫的机制，即通过流动性偏好、货币幻觉、交易驱动、财富效应，由此投资者的行为具有与其他正常条件下有所不同的特征。货币过多会使投资者持有资产的货币度量有所上升，交易行为趋于频繁，社会和个人财富不断提升，共同推动资产价格的上升，最终会形成资产价格的泡沫。刘洁、蔡允革、汪明文（2008）通过对日本流动性过剩与货币政策间的关系进行实证研究，发现货币政策在应对流动性过剩的问题上缺乏足够的有效性，货币政策能够在一定程度上调节流动性。鞠方、周建军（2008）通过地产价格与货币政策、利率政策、信贷波动及股价各自之间的相关检验研究，其结果支持了房地产泡沫的货币推动假说。他们的研究发现，中国房地产价格上涨和货币化进程存在显著的正相关关系，货币化假说对房地产泡沫具有一定的解释能力。贺晨（2009）运用一个简化的内生货币经济模型描述了商品房价格与货币供应量的关系，指出了中国房地产价格和货币供应量互相推动变化的关系，并使用计量经济学的协整检验和 Granger 非因果性检验验证了模型的结论。王擎、韩鑫韬（2009）建立了研究房地产价格与货币供应量和经济增长的波动关系的多元 MGARCH－BEKK 模型，以及研究房地产价格与货币供应量的波动对经济增长速度的影响的 GARCH 均值方程模型，实证结果表明货币供应量增长率与房地产价格增长率的联动变化非常剧烈。盛松成、张次兰（2010）在引进房地产市场价格指数和股票市场价格指数的基础上，对中国的货币供应量 M_2 与价格水平 CPI 之间的关系进行了实证研究，结果表明货币数量理论在中国仍具有一定的适用性。

　　总的来说，现有的文献研究大部分集中在信贷和房地产价格的关系上，而且主要是单方向的联系。其他一些研究考察了双向的联系，但是没有涉及到底选择信贷还是货币作为相关的货币变量。也有部分文献选择货币作为相关研究变量，但他们通常使用广义货币的口径而没有细分不同层次货币对房地产价格的冲击状况。最后，还有一些研究虽然确定了相关货币变量，但是没有确定房地产价格与货币变量之间潜在联系的双向特点。货币流动性导致资产真实价格变化究竟是通过资金分配导致的资源重新配置，还是通货膨胀引起资产组合结构的调整，抑或是共同的经济向好的因素的驱动，都值得进一步的探讨。所以本章试图弥补现有文献的缺陷，使用与资产价格关联度更高的准货币（资产性货币），即广义货币 M_2 与狭义货币 M_1 之差，作为考察货币与房地产价格关系的变量进行论证。并采用协整 VAR 模型的框架在货币、资产价格、宏观经济之间建立多变量关系，同时针对美国、日本、中国三个国家的典型资产泡沫积聚时期的数据进行国际比较。

5.2　房地产价格上涨与货币量关系的理论解析

从本质上说，货币原动力（monetary dynamics）与住房变量之间的多重关系可能是存在的。比如，房价上涨引起货币需求提高，因为家庭净财富随着房屋交易量和基建量的增大而增加。另一方面，两者的相互关系也可由货币量变化传导到住房市场，如果扩张性的货币政策提供流动性过多，会带来资产的膨胀（asset inflation）。此外，住房市场的发展对银行的信贷行为有重要影响。房价上涨增大了住房者的抵押物价值，提高其借贷能力，促进了信贷行为和货币量的增加。而货币量的增加又进一步刺激房价的上涨，因此房价与货币量之间的因果关系表现为双向的，从而导致一种"加速器效应"（accelerator effect）。

5.2.1　从货币需求角度分析

根据弗里德曼（1988）的研究，货币需求与房地产价格之间的关系可以分为财富效应（wealth effect）、替代效应（substitution effect）和交易效应（transactions effect）三类[①]。财富效应强调货币是价值的保存形式，它是其他财富如房屋、金融财富等的替代形式。房地产价格上涨导致现有的和预期的资产组合结构改变，随之而来的是对真实货币余额需求的增加，以对预期的均衡作出投资组合结构的调整。

财富效应刻画了财富水平的变化改变了包括货币在内的所有资产的需求，而替代效应则假定不同资产形式相对吸引力的变化改变投资者的资产组合结构。尤其是在其他条件不变时预期房地产价格上涨使投资于房屋比持有货币更有吸引力从而使投资组合由货币转向房产。

这前两项相应都与资产组合方面相关，交易效应则表明了，由房地产价格和交易量的变化反映出的房屋买卖可以预示着仅仅为满足交易需要的货币需求的增长。这一效应可能会由于在住房市场景气时期的交易量上升而放大（Stein，1995）。由于房屋所有者希望避免资本损失，他们倾向于在房地产价格下降时推迟卖房，他们认为房地产价格的下降只是一个暂时的现象，于是导

———————

①　弗里德曼（1988）分析了货币与股价之间的关系，但是他的这一结论后来被推及到其他的资产价格如房价。

致房地产交易量下降①。所以只有在房地产价格上涨期间人们才会重新进入房地产市场。

因此，在房地产价格变化过程中，货币需求不仅会发生变化而增加不稳定性，而且多与房地产价格呈现同方向的变化关系。

5.2.2　从货币供给角度分析

上述分析是从住房市场向货币方向的因果联系，从货币政策和货币供应量向住房市场方向的潜在效应也是存在的，即"资产性通胀渠道"（asset inflation channel）。总的来说，扩张性货币政策一方面增加了货币存量，提高了人们的购房能力和期望；另一方面改善了融资条件，既提高了购房的需求与房贷数量；也增加了对开发商的贷款和建房能力，在繁荣房地产市场的同时，导致房价轮番上涨。如果经济主体受制于"货币幻觉"（money illusion）（Brunnermeier and Julliard，2006），这一效应就更显著了。特别是在通货紧缩和名义利率下降的时期，人们会低估未来贷款的真实购买力，因为名义利率的下降被错误地认为是由于真实利率的降低而非通胀的减轻而引起的。

5.2.3　从信贷过程的角度分析

关于住房和货币相互关系的另一个重要方面也可以从信贷的角度来进行分析。由于信贷市场信息分布的不对称性，经济主体的借款能力取决于其抵押物的价值。而房价上涨一方面使房产财富增加，提高了家庭资产的抵押价值和借贷能力；另一方面增强了银行发放房贷的意愿，进而增加由房贷引致的派生存款，增强货币供给的内生性。Iacoviello（2005）强调了住房作为抵押物在货币政策传导中的作用。由于房屋价值是资产负债表中一个重要变量，它决定了经济主体的借款约束。因此，房价与货币量之间表现为双向的因果关系，在抵押物效应下导致一种"加速器效应"（accelerator effect）。根据 Kiyotaki 和 Moore（1997）的研究，房产起到了催化剂的作用，它放大了货币政策的效力由此产生房价的传导渠道。此外，Iacoviello 和 Neri（2006）证明了房产投资对于利率变化非常敏感，这正是这种"加速器效应"（accelerator effect）带来的结果。如果可以用货币供应量来代表货币政策的立场的话，这就为货币影响房价提供了一个渠道。而在信用评级中这一渠道非常重要，交易量的变化所包含的关于

---

① 更多关于这种向下黏性的原因在于交易成本很高，这个是住房出售的内在原因。且住房是必需品，人们即使在仅仅不景气时期也得偿付住房抵押利息。

融资条件的信息更甚于以利率为代表的价格变化（Stigliz and Weiss，1981）。于是，货币量的变化反映了借贷情况，可以作为信贷紧缩程度的指示器。除此以外，上述"加速器效应"也强调了住房抵押贷款与存款货币紧密相连，新发放的贷款是由新存款决定的，这一效应在中央银行不限制货币增长时尤其明显。

5.2.4　从动态价格调整的角度分析

我们还可以从一个流动性冲击下的动态价格调整（dynamic price adjustment）的角度来解释为何房价以及其他资产价格近来上涨幅度如此之大，而消费者价格指数却相对平稳。

扩张性的货币政策向市场提供更多的流动性，会使供给价格弹性低的部门立即产生价格反应，但是高弹性的部门价格反应平平。当然随着时间的推移，高弹性的物价也会与货币增量同比例地调整至新的平衡点，即长期中货币供给量的变动并不会改变真实的货币与产出（货币中性论）。如图 5 - 6，横轴为产出，纵轴为价格，左边水平线代表短期内（SR）高弹性商品 Se 的供给价格弹性无限大，当流动性冲击导致的需求从 De1 增大到 De2 时，价格无变化（从 Pe0 到 Pe1），产出增加，到达一个新的短期均衡点 Pe1。与此相反，右图垂直于横轴的 Si 代表长、短期内低弹性商品的供给曲线，由于供给受限，流动性冲击导致的数量变动不敏感，需求的增大完全反映在价格上升中来了（从 Pi0 到 Pi1）。现实的情况是：随着国际贸易的发展，由于国际产品市场竞争激烈，许多新兴市场便宜的劳动力供应充足，制造业等产品的定价受其影响，因此其

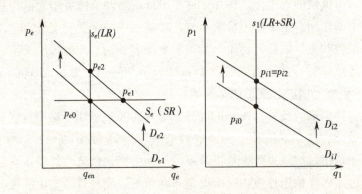

图 5 - 6　对高价格弹性商品（左边）
和低价格弹性商品（右边）的货币冲击的短期和长期影响

价格在短期内即使总需求提高也不会改变（Belke et al.，2010）。只有在长期内，生产能力的利用提高了工资，才会使一般物价面临上涨压力。相反，像房价这样的资产价格通常供给受限制，比如土地不能随意扩张（如日本），房地产交易成本很高（如欧洲大陆国家就是如此），这就使房屋的供给在一定区间内的价格弹性很低（Gros，2007），所以对房屋的过度需求立即反映在房价的上涨中来。

综上，货币量与房地产价格的关系如图 5 - 7 所示，描绘了上述的几种渠道。货币通过货币需求和资产通胀渠道直接与住房财富及房地产价格相连。抵押物效应影响了融资条件，后者决定贷款数额及货币供应量。图的右半部分表明了货币政策的作用，尤其是它的资产通胀渠道。货币政策通过流动性效应影响经济主体的货币持有量，而它对金融市场的影响则更为间接一些，与其他诸如金融创新、抵押贷款市场管制放松等因素一起决定融资条件和最终的贷款数量。

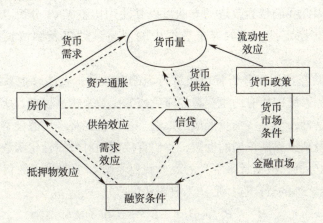

图 5 - 7　货币量对房地产价格的作用机制图

5.3　实证检验：基于协整 VAR 的货币冲击模型的分析

下面我们选取资产泡沫积聚时期的实际数据来对资产价格上涨的货币推动因素及其相互关系作一个实证分析，并对三个典型国家美国、日本和中国进行一下国际比较。

5.3.1　计量模型

我们使用协整 VAR 模型来分析变量间的长期关系和短期动态调整（Johansen，1996；Juselius，2007）。之前的学者并未使用这样的模型框架来研究货币存量与资产价格之间的联系。实际上，根据文献综述，目前为止主要是使用 OLS 回归、结构 VAR 模型以及面板协整检验等方法来研究资产价格与货币存量之间的潜在关系（Yeyati and Rozada，2005）。尤其是许多研究应用了 VAR 或者 VECM 方法来作实证检验，包括：Rueffer 和 Stracca，2006；Sousa 和 Zaghini，2006；Giese 和 Tuxen，2007。这些研究发现了消费者价格对于货币冲击的显著反映，但却忽视了货币冲击与资产价格之间的关系。比如 Rueffer 和 Stracca（2006）的研究表明，包含了房价与股价在内的综合真实资产价格指数对全球流动性的冲击并无显著反应。Giese 和 Tuxen（2007）也没有找到股价随货币扩张而上涨的证据。但是，他们的研究却证明了货币扩张与房价的正向协整关系。因此我们认为改进的方法可以是使用协整 VAR 分析以便我们可以考虑数据的非稳定性，比如寻求数据中的协整属性以及廓清长、短期动态调整。

VAR 被广泛应用于分析货币政策行为的有效性，它能够把系统中每一个内生变量作为系统中所有内生变量的滞后值的函数来构造模型，所以可以有效解释各种经济冲击对经济变量形成的影响。在传统经济理论假设下，即按照新古典综合以及新凯恩斯模型的框架，我们直接使用对数线性化函数形式来进行协整 VAR 的分析。根据货币主义的观点我们考虑如下改进了的货币需求关系（假设除现金之外的资产选择形式为股票和房产）：

$$M^d = \beta_1 y + \beta_2 \pi + \beta_3 i + \beta_4 sp + \beta_5 hp \tag{5.1}$$

式中，M^d 是真实货币需求，y 是产出（经济增长），两者均进行线性对数化，π 是通货膨胀率，i 是短期利率；sp 是股票价格；hp 是房地产价格；$\beta_1 > 0$，$\beta_2 < 0$，$\beta_3 > 0$，$\beta_4 > 0$，$\beta_5 > 0$，即货币需求随产出、短期利率、股价及房地产价格同向变化，随通货膨胀反向变化。于是货币供给与货币需求之差可以看成是过剩的货币。

另外，在新凯恩斯框架下，我们考虑如下的泰勒规则形式作为利率规则：

$$i = \alpha_1 (\pi - \pi^T) + \alpha_2 (y - y^P) \tag{5.2}$$

式中，上标 T 和 P 分别表示目标值和潜在值；利率规则中 $1 < \alpha_1 < 2$，$\alpha_2 > 0$，即当通货膨胀或产出高于了目标值就提高政策利率水平，于是实际的政策利率水平低于利率规则中利率水平的部分可视为过剩的货币。

此外，总需求函数或者说 IS 曲线表示为

$$y^D = y^P + \gamma(i - \pi) \ , (\gamma < 0) \tag{5.3}$$

菲利普斯曲线以下面的形式表示：

$$\pi = \delta(y - y^P) \ , (\delta > 0) \tag{5.4}$$

综合上述思想，在我们的实证检验中考虑如下模型：

$$Z_t = A + \sum_{i+1}^{i} B_j Z_{t-j} + \sum_{m=1}^{j} C_m V_{t-j} + \varepsilon_j, Z = [HP, M, GDP, CPI, SP, I]'$$

$$\tag{5.5}$$

式中，Z 是一组内生变量；V 是一组外生变量，反映外部冲击因素；j 是滞后的期数；ε 是服从独立同分布的随机扰动项。从理论上来讲，作为一种商品，推动房地产价格上涨的因素可以从供需两方面来分析。需求方面影响房地产价格走向的因素有国民经济的持续发展（GDP）、居民可支配收入的增长（货币量）、替代性投资品的价格（如股价）等；供给方面则主要是原材料成本（价格水平）、贷款利率及政府政策导向等因素。因此在模型中我们考虑的内生变量 Z 包括房地产价格（HP）、货币量（M）、国内生产总值（GDP）、消费者价格指数（CPI）、股票价格（SP）以及利率（I），这些变量的顺序这样安排，是因为假定货币政策对于当前月份的产量和价格信息作出反应，直到下一个月才能影响到这些变量。在这些变量中，房地产价格是被解释变量，其余变量为解释变量。由此我们可以用协整关系考察货币冲击对实体经济与虚拟经济的不同影响，同时也考虑房地产价格对其的反馈作用。同时，在 VAR 分析的基础上，应用脉冲响应分析法来洞察上述变量之间的长、短期关系。

5.3.2 数据选取

对于美国的数据，我们选择了 2000 年 1 月至 2007 年 3 月（次贷危机爆发）共 87 个月度数据，以标普 case – shiller20 城市房价指数（2000 年 1 月为基期，已剔除物价变动影响的真实值）为 HP 的代理变量，标准普尔工业指数为 SP 的代理变量，美国联邦基金利率（usr）作为美联储基准利率。由于国内生产总值（GDP）为季度数据难以取用，而工业生产增长是整个经济增长的一个关键推动因素，一直为政府与货币当局所重视，因此选用每月工业生产指数作为 GDP 的代理变量。在货币量指标的选择上，考虑到 M_1 层次的货币属于交易性货币，主要影响的是消费品价格（CPI）和生产品价格（PPI）；而 M_2 层次货币中的定期存款和储蓄存款等（即 $M_2 - M_1$，准货币）属于资产性货币，

这部分货币对于居民资产选择行为和购置房产有较大影响，因此我们选择准货币考察其对房地产价格的推动作用。在计算指标时，我们以真实准货币①的增长率（2000 年 1 月为基期）作为货币量（M）的代理变量。

对于日本的数据，我们选择了 1984 年第一季度至 1990 年第四季度（泡沫破灭）共 28 个季度数据，由于日本公开的资料中并没有统计房价，而只发布地价数据，通常都使用地价作为房价的代理变量，我们以日本不动产研究所发布的季度土地价格指数 LP（2000 年 1 月为基期，已剔除物价变动影响的真实值）作为房地产价格（HP）的代表变量。另外分别选择经季节调整的支出法GDP 指数（2000 年 = 100）和季节调整的全部股票价格指数（2000 年 = 100）为 GDP 和股价的代理变量，选择贷款利率（LR）作为利率的代理变量，货币量的计算同美国。

对于中国的数据，我们选择了 2003 年 1 月至 2010 年 5 月（楼市调控新政出台）共 89 个月度数据，由于中国的国房景气指数是一个同比指数，无法反映房地产价格对于固定基期的增长情况。而美国和日本是定基的房地产价格指数。为保持比较研究时统计口径的一致性，我们自行计算了一个中国的房地产价格指数，即以真实商品房销售价格（全国商品房销售平均价格/CPI）的增长率（2000 年 1 月为基期）为 HP 的代理变量。同时选取上证收盘综合指数为股价的代理变量，以 CHIBOR 7 天银行间拆借利率（Chi）作为利率变量。GDP 和货币量的计算同美国。

以上所有数据中，中国的商品房销售价格来源于 CEIC 数据库，日本地价指数来源于日本不动产研究所，标普 case - shiller20 城市房地产价格指数来源于标准普尔公司的网站，其余数据均来源于 IFS 数据库和中经网统计数据库。所有数据进行了对数线性化处理。

在进行实证分析前，先观察一下货币量与房地产价格的变化趋势（见图5－8、图5－9、图5－10）。为了更清楚地比较两者变化趋势情况，我们对图5－9 中日本的两个变量进行了平移处理，使其均值都为 0。从图中可以看出，三个样本国家在样本期间内，货币量和房地产价格的走势趋同，尤其明显的是货币增长率的走势领先于房地产价格上涨的走势，即二者的变化存在一定的时滞。总体而言，货币存量推动房屋价格上涨的假设在这三幅图中得到了直观的体现。

---

① 真实准货币的计算公式为：（$M_2 - M_1$）/CPI，其中 CPI 为居民消费价格指数。

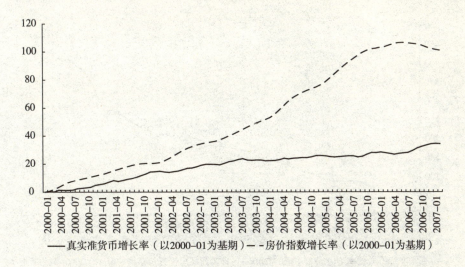

图 5－8 美国真实准货币增长率（以 2000－01 为基期）与房地产价格指数 s&pcase－shiller home price index 20 city 的增长率（以 2000－01 为基期）

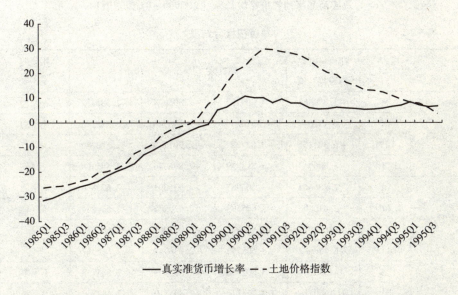

图 5－9 日本真实准货币增长率（以 2000 年第一季度为基期）与土地价格指数（平移之后）

5.3.3 单位根检验

为了检验时间序列的平稳性，运用迪克—富勒检验方法（ADF Test）得到 M 和 HP（LP）两个变量是非平稳的，但将它们取对数差分之后即一阶差分都是平稳的。具体结果见表 5－1。

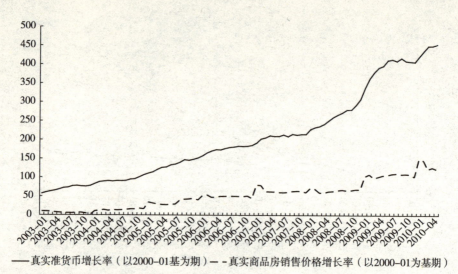

—— 真实准货币增长率（以2000-01基为期）－ － 真实商品房销售价格增长率（以2000-01为基期）

图 5 - 10　中国真实准货币增长率 （以 2000 - 01 为基期）

与真实商品房销售价格增长率 （以 2000 - 01 为基期）

表 5 - 1 单位根检验结果

变量		迪克—富勒检验统计值	临界值（1％，5％，10％）			平稳或不平稳
美国	M	- 1.326487	- 3.509281	- 2.895924	- 2.585172	不平稳
	HP	- 0.756070	- 3.510259	- 2.896346	- 2.585396	不平稳
	DLM	- 6.301167	- 3.522887	- 2.901779	- 2.588280	平稳
	DLHP	- 3.096963	- 3.513259	- 2.896346	- 2.585396	平稳
日本	M	- 2.286662	- 3.600987	- 2.935001	- 2.605836	不平稳
	LP	- 2.610400	- 3.605593	- 2.936942	- 2.606857	不平稳
	DLM	- 13.03042	- 3.600987	- 2.935001	- 2.605836	平稳
	DLLP	- 6.754652	- 3.605593	- 2.936942	- 2.606857	平稳
中国	M	1.405670	- 3.507394	- 2.895109	- 2.584738	不平稳
	HP	0.106052	- 3.508326	- 2.895512	- 2.584952	不平稳
	DLM	- 6.269926	- 3.507394	- 2.895109	- 2.584738	平稳
	DLHP	- 8.144861	- 3.509281	- 2.895924	- 2.585172	平稳

表 5 - 1 的结果显示，三个国家的所有序列变量的一阶差分都拒绝了具有单位根的零假设条件。因此，这些数据支持了三个国家房地产价格指数与货币量的一阶差分的平稳性质。

5.3.4　货币量—房地产价格双变量协整检验

在上述基础上，以房地产价格作为因变量，货币量作为自变量进行约翰森协整检验。结果如下：

表 5 -2　　　　　　　　约翰森协整检验结果

变量		特征值	似然率	5% 的临界值	1% 的临界值	特征值最大特征值假设统计量
美国	r = 0	0.222634	30.97544	15.41	20.04	无**
	r = 1	0.118301	10.32421	3.76	6.65	最多1**
日本	r = 0	0.308603	16.65940	15.41	20.04	无*
	r = 1	0.046336	1.897748	3.76	6.65	最多1
中国	r = 0	0.385950	55.80667	15.41	20.04	无**
	r = 1	0.161957	14.84160	3.76	6.65	最多1**

表 5 - 2 的结果表明，在三个国家中，货币量与房地产价格之间都存在着长期均衡关系，即协整关系，巨额货币存量推动房地产价格上涨的力量比较强大而明显，表明房地产价格受货币因素的影响具有普遍性。但中国的这一效应更加突出，甚至强于其他两个国家，因为其似然率显著高于其他两个国家。这一结果可以解释中国政府出台各种旨在控制流动性的货币政策措施能够在一定程度上影响房地产价格走势，因为目前货币供应量是中国货币当局政策操作的中介指标，可控性较强，而房地产价格受货币因素的影响较大，通过控制货币可以影响房地产价格走势。但不同国家和不同时期货币影响房地产价格的具体渠道、表现、程度会有所差异。本研究认为主要原因一是由经济发展不同阶段引起的，由于中国处于快速增长期，货币增速远高于其他国家；二是由于不同国家的金融结构不同造成的。中国是银行主导型金融体系，宽松的货币政策表现为巨额的货币量，因此相比较市场主导型国家，货币量对房地产价格的推动作用更为明显。

5.3.5　格兰杰因果检验

下面我们进行格兰杰因果关系检验以确定货币量的变动与房地产价格变动之间是否存在格兰杰因果关系，结果见表 5 - 3。表中结论证明，在美国从滞后 5 期开始，ΔM 是 ΔHP 的原因，但 ΔHP 不是 ΔM 的原因。而在日本和中国两者之间存在双向的格兰杰因果关系，分别是从滞后 2 期和滞后 4 期开始，

ΔM 就是 ΔLP（ΔHP）的格兰杰原因，同时，ΔLP（ΔHP）也是 ΔM 的格兰杰原因。这说明在三个国家中，房地产价格上涨都可归因于货币量的超常增加；而在日本和中国，货币供应量的变动也可由房地产价格水平的变动来解释，这也从这一个侧面反映了日本和中国货币供应量的内生性较强。而美国由于市场化程度较高，且货币政策工具侧重于使用利率工具，因而货币供给的内生性不明显。

表5-3　　　　　　　　　　　　格兰杰因果检验结果

	H₀假设	滞后项	F 统计值	P 检验值	接受 H₀ 或不接受
美国	DLHP 不是导致 DLM 的格兰杰原因	5	0.55936	0.73071	接受
	DLM 不是导致 DLHP 的格兰杰原因	5	1.27758	0.28356	不接受
日本	DLLP 不是导致 DLM 的格兰杰原因	2	2.71513	0.07975	不接受
	DLM 不是导致 DLLP 的格兰杰原因	2	11.3792	0.00015	不接受
中国	DLHP 不是导致 DLM 的格兰杰原因	4	1.44282	0.22827	不接受
	DLM 不是导致 DLHP 的格兰杰原因	4	4.13322	0.00443	不接受

5.3.6　影响房地产价格诸因素的脉冲响应函数

前述的协整检验结果说明了在三个样本国家的典型资产泡沫时期，货币量与房地产价格之间存在着长期的均衡关系，即过多的货币存量导致了房地产价格的持续上涨。除了这一长期的静态关系之外，下面我们将利用脉冲响应函数检验变量之间的短期动态冲击关系。我们把各国的房地产价格（HP）、货币量（M）、国内生产总值（GDP）、消费者价格指数（CPI）、股票价格（SP）以及利率（USR/LR/CHI）分别作为自变量，建立这六个变量间的一阶无约束 VAR 模型，测算它们两两之间的冲击的响应。

（一）AR 根检验

首先，对这三个 VAR 模型中所有的变量进行单位根检验，选择 2 阶滞后，从图 5-11、图 5-12 和图 5-13 可以看出，三个 VAR 模型所有根模的倒数都小于 1，落在单位圆内，三个模型均稳定。

（二）脉冲响应图形与方差分解

为了证明以增加或减小货币供应量为主导的货币政策对房地产价格是否有一定的动态影响及时滞，我们下面采用脉冲响应函数方法进行模拟，对货币供应量的增长率 M 的误差项给予冲击，分析其对该系统的房地产价格变动的动

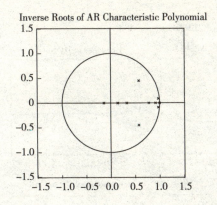

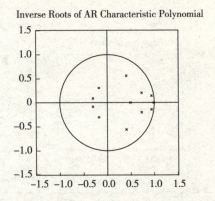

图 5 – 11　VAR 模型的 AR 根检验（美国）　图 5 – 12　VAR 模型的 AR 根检验（日本）

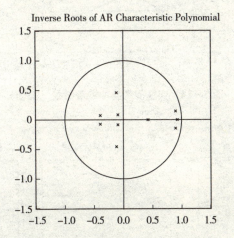

图 5 – 13　VAR 模型的 AR 根检验（中国）

态影响。我们用 Choleski 分解来得到脉冲响应，图 5 – 14、图 5 – 15 和图 5 – 16 分别是三个国家以货币供应量作为政策工具的 VAR 模型中各变量间冲击的影响。横轴代表追溯期数，这里为 48（日本的为 15）；纵轴表示因变量对自变量的响应大小，实线表示响应函数曲线，两条虚线代表两倍标准差的置信带，滞后期是 2 个月。

我们用标准的 VAR 发现了一些实证的结果，在 95% 的置信区间内存在着显著的冲击反应。三个国家的结果都显示，给予货币量 1 个百分点的正冲击，不论长期还是短期都会导致房地产价格迅速上涨，且冲击的幅度中国最强（2 ~ 4 个百分点，逐渐增强），日本次之（最高 1.5 个百分点，逐渐减弱），美国最弱（最高 1 个百分点，持续均衡），说明中国货币政策工具中使用货币量

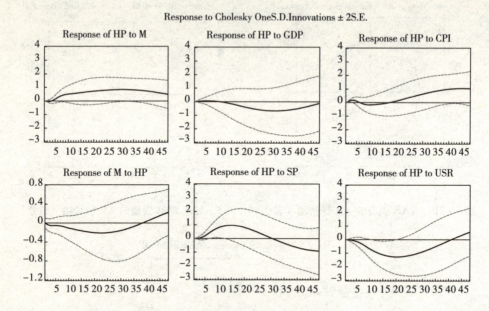

图5-14　变量间的脉冲响应结果（美国）

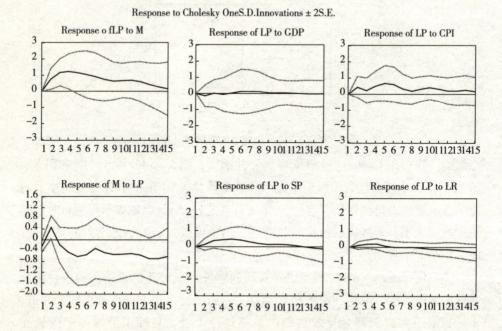

图5-15　变量间的脉冲响应结果（日本）

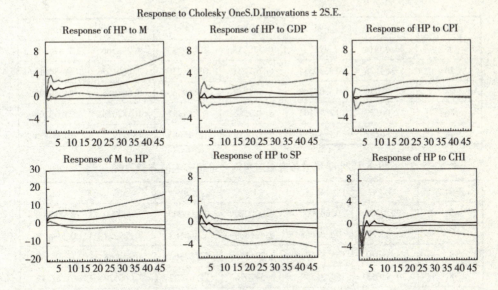

图 5 –16   变量间的脉冲响应结果（中国）

调控房价效果明显。而反过来看房价的冲击对于货币量的动态影响，美国和日本的结果显示的是负向影响，而中国的结果则是正向影响，即房价的上升导致货币量出现增大，其原因可能由于房市火暴带动房屋贷款的扩张，导致银行体系的货币创造能力增强。而美国和日本针对房价上涨的紧缩性货币政策调控可能更加及时，这进一步印证了中国货币供应量的内生性强于其他两个国家。另外，从房价对于利率冲击的反应来看，美国的这种负向影响最为明显且幅度最强，日本要经过一段时期后才开始显示负向影响，中国的房价对于利率冲击的反应不明显，这从一定意义上说明具有市场化金融结构特征的美国使用利率工具的效果最好，而在银行主导结构的中国，利率的调控效果比较有限。

上述的 IRF 模型给出的主要是时间上的动态影响，而方差分解模型可以比较出不同冲击对各个变量的影响大小。我们在 VAR 脉冲响应的基础上，继续使用方差分解对这一问题进行评估，得到了 48 个月度（日本为 15 个季度）预测期的 Chelosky 方差分解以及各系数如表 5 –4、表 5 –5、表 5 –6。

表 5 –4   美国 48 个月内各变量对房地产价格影响的方差分解

预测期	HP	M	GDP	CPI	SP	USR
1	100.0000	0.000000	0.000000	0.000000	0.000000	0.000000
2	97.27605	0.003250	0.078846	2.284779	0.282598	0.074475
4	95.34365	0.508655	0.220789	3.361069	0.152367	0.413468

预测期	HP	M	GDP	CPI	SP	USR
8	82.75834	7.821374	0.178258	1.069183	4.296566	3.876279
16	57.54628	17.30554	0.261224	0.571220	7.009633	17.30610
24	49.17029	15.05540	1.864748	0.649960	8.855686	24.40392
36	42.00473	12.73103	5.387586	5.044331	10.87026	23.96206
48	34.56247	13.39952	5.720619	12.45685	13.81925	20.04129

表5-5   日本15个季度内各变量对房地产价格影响的方差分解

预测期	LP	M	GDP	CPI	SP	LR
1	100.0000	0.000000	0.000000	0.000000	0.000000	0.000000
2	62.65787	26.66058	0.891809	8.365883	0.829224	0.594639
4	25.52070	58.65674	0.394166	8.162864	5.761168	1.504367
8	20.84053	59.22518	0.547096	11.61607	7.008679	0.762449
12	23.78497	57.17666	0.474347	11.68000	5.923707	0.960317
15	29.97016	51.43429	0.414297	10.90466	5.288315	1.988280

表5-6   中国48个月内各变量对房地产价格影响的方差分解

预测期	HP	M	GDP	CPI	SP	CHI
1	100.0000	0.000000	0.000000	0.000000	0.000000	0.000000
2	81.18779	2.582977	0.063632	0.094636	2.066957	14.00401
4	77.62227	8.400904	0.587948	0.114519	1.791849	11.48251
8	72.26185	15.05497	0.604794	0.135953	1.800560	10.14187
16	55.28049	29.51427	0.857930	1.308851	5.534570	7.503885
24	42.73906	35.21614	2.579597	5.401788	8.375721	5.687693
36	34.02331	41.59953	3.472369	9.273853	6.875786	4.755148
48	29.30619	48.87440	2.980905	10.22067	5.198243	3.419602

从表中结果不难看出，三个国家中，在各自的资产泡沫积聚时期，GDP对于房价上涨的贡献都是最小的，说明房价上涨中的实体因素推动不足，最重要的还是货币因素的推动，其中日本尤盛，货币量对房价上涨的贡献率超过了50%；中国货币量的贡献率逐期上涨，到了48期也接近50%；而在美国，利率对房价上涨的贡献率最高，其次是货币量。这个差异主要是由于三个国家的金融结构不同造成的。美国的金融体系是市场主导型，货币政策的中介指标是利率，宽松的货币政策主要表现在市场流动性上，因而低利率对房价的作用力

更大，所以美联储长期低利率的松货币政策可以看成是助推房价泡沫的祸首；而中国和日本都是银行主导型金融体系，宽松的货币政策主要表现为巨额货币量，故货币量对房价的推动作用更为直接而明显。因此，从三个国家的比较中可以清晰地看到一个共同点就是：宽松的货币政策能够助推房价的上涨。

5.4 结论与政策启示

本章从近些年许多国家大幅提高货币增长率但并未引起消费者物价指数CPI 的同步上涨，而是出现资产价格增速明显超过 CPI 膨胀程度的现象出发，从理论上探究了货币存量与房地产价格之间的双向联系，分析了不同渠道下两者之间的动态"加速器"机制。从货币结构的视角选用了准货币作为考察货币与房地产价格关系的主要变量进行论证。在此基础上，采用协整 VAR 模型的框架在货币、资产价格、宏观经济之间建立多变量关系，同时针对美国、日本、中国三个国家的典型房地产价格泡沫积聚时期的数据进行实证比较分析。实证结果表明，在三个国家中，货币量与房地产价格之间都存在着长期均衡关系，即协整关系，巨额货币存量推动房地产价格上涨的力量比较强大而明显，其中中国的这一效应最为突出。格兰杰因果检验则显示了在三个国家中，房地产价格上涨都可归因于货币量的超常增加和宽松的货币政策；而在日本和中国，货币供应量的变动也可反过来由房地产价格水平的变动来解释，这也反映了日本和中国货币供应量的内生性强于美国。脉冲响应图形中货币量的冲击对于房地产价格的影响表明，不论长期还是短期货币量的冲击都会导致三个国家的房地产价格迅速上涨，且冲击的幅度中国最强，表明中国货币政策工具中使用货币量调控房地产价格效果明显，但其时滞与其他两个成熟市场国家相比更为长久；房地产价格的冲击对于货币量的动态影响则印证了中国货币供应量的内生性强于其他两个国家；房地产价格对于利率冲击的反应显示，在金融结构市场主导型程度最高的美国这种负向影响最为明显且幅度最强，而中国的房地产价格对于利率冲击的反应不明显，因此货币政策更适合使用数量工具来调控房地产价格。最后，方差分解的结果表明，三个国家中房地产价格上涨的实体推动因素不足，最重要的都是货币因素推动。

传统的货币主义经济学家非常重视货币数量在经济中的作用。但正如"水能载舟，亦能覆舟"一样，货币数量的过快增长必然带来诸多不良后果。当实体经济不需要那么多的货币发挥交易媒介职能时，过多的货币成为资产职能的载体，大量的货币涌入各种投资渠道以寻求保值、增值，必然助推各种资产价格的上涨。此时在货币结构中通常表现为以 M_1 为代表的交易性货币比重相对下降，而以准货币为代表的投资性货币比重增大，表明更多的货币发挥了资产的职能，货币需求中的投资和投机动机更为强化，推动了投资规模和资产市场规模不断扩大，带来资产市场的非理性繁荣。直到某一天或一个偶然事件的发生将市场上巨大的泡沫戳破，爆发金融危机及随后的经济危机。

因此，有关货币量与房地产价格之间的因果关系对于货币政策有着重要的政策含义。如果房地产价格上升极大地提高了货币需求和信贷需求，中央银行需要适时采用货币政策工具控制货币供给的内生增长，防止房地产价格上升与货币量增长的轮动。如果货币量过多涌入到房地产市场导致房地产价格膨胀，货币政策应从总体上考虑趋紧。此外，中央银行也可以考虑采用货币政策的房产预警指标，主动及时地应对房产市场和其他资产市场的变化。正如摩根斯坦利前经济学家 Steve Roach 所说，"现实亟须货币当局采取新措施——即当制定政策框架和政策选择时明确将资产市场考虑进来。因为泡沫日益普遍，忽视了资产市场与真实经济的相互关系是一个可怕的政策失误"（Roach，2007）。货币政策需要转变原来单一关注 CPI 的"一维模式"，防止过度倚重 CPI 指标而误导其他重要信息。史实表明，由于信贷的急剧扩张导致对风险的错误定价和资产价格泡沫，都已发生在中央银行家们过于狭义的通胀目标的短视之下。

中国中央银行近年来针对通货膨胀逐步显现的问题，提出了加强通胀预期管理的政策建议，但预期管理能否起到有效防范资产价格上涨及全面通货膨胀的作用令人怀疑。因为中国的资产价格上涨已是不争的事实，进而还可能会从成本推动和需求拉动两个方面助推全面的通货膨胀，这并非单纯由通胀预期引致，而是由货币量过快增加所推动。2013 年 3 月末，中国广义货币（M_2）余额首次突破百万亿元。近期虽然政府各部门出台了多项政策法规抑制房地产价格上升，但调控效果不尽如人意。如果不是从源头上消除推动资产价格上涨的货币因素，仅仅通过限制性政策来降低房地产价格只能是治标而不治本。因此，要有效控制房地产价格和其他资产价格的过快增长，防止资产价格和物价的全面上涨，需要中央银行调整货币政策框架及通胀目标，从源头上真正有效控制住货币量的过快增长。

6

货币结构与房地产价格、物价的非线性关系研究

当我们考察金融危机后中国通货膨胀形成的机制时，可以看出其中货币性的推动力量是非常强大的，不仅是货币总量在通货膨胀形成中扮演了重要角色，不同的货币结构也促成了不同形态通胀的演进。即在形成通货膨胀的因素中，不同层次的货币供应，超越了其他的因素而表现出对通胀的集成效果。其中 M_1 层次的货币属于交易性货币，主要影响的是消费品价格（CPI）和生产品价格（PPI）；而 M_2 层次货币中的定期存款和储蓄存款等（即 $M_2 - M_1$，准货币）属于资产性货币，这部分货币对于经济主体资产选择行为特别是购置房产有较大影响，更容易推动资产价格的上涨。也即是说，当货币总量上升时，不同的货币结构下，实物型通胀和资产型通胀的反映速度、力度是不同的。当执行资产职能的货币占比较高时，资产价格上涨较快；执行交易职能的货币占比较高时，一般物价上涨较快。此外，在货币总量既定的情况下，两类通胀之间既存在此消彼长的关系，也存在传递机制。即当保持货币总量不变而改变货币结构时，比如提高执行资产职能的货币占比，那么短期内可能一般物价会下降而资产价格上升，实物型通胀将会得到缓解，而资产型通货膨胀程度加剧。随着资产价格进一步上涨，会产生拉动一般物价上涨的效应，因而长期来看又会存在资产型通胀向实物型通胀的传递机制。因此，基于货币结构与两类通胀之间的这种复杂关系，本章将结合中国的现实情况，从结构分析的视角考察资产型通货膨胀下货币结构与房地产价格、物价上涨的非线性关系。

6.1　相关文献回顾

西方学者对货币与价格之间关系的研究最早可追溯至古典学派的斯密、李嘉图等人，其货币理论区分了商品的真实价格与它的货币价格或名义价格，指出社会中货币存量的增加将引起产品和资源的货币价格的上升。古典货币数量说的代表人物马歇尔创立的现金余额说，明确提出现金余额变化是引起物价变化的根本原因，其传导中介是货币流通速度。而费雪首次区分了货币的不同职能，最早用公式准确表达了交易中的货币量与价格之间的关系，即 Irivng Fisher（1911）以"MV = PT"表达的交易方程式。他认为货币政策影响经济中的所有价格，而总体价格指数包含了所有有购买力的价格。货币政策影响价格水平的速度（传导速度）取决于价格吸收冲击的速度。消费者价格是经济体中最缺乏弹性的，因而吸收冲击速度较慢；而资产价格是最具弹性的，所以能较快吸收冲击从而发生改变。中央银行通常使用消费者价格指数来估计通货膨胀率，但是因为消费者价格是黏性的，这就使得政策制定者会在短期内不能正确识别潜在的货币超发，从而制定错误的货币政策。这就是为什么 Alchian 和 Klein（1973），Goodhart（2001）和 Bryanet 等（2002）会建议应将弹性的资产价格纳入中央银行关注的价格体系中来。欧洲中央银行在 2003 年重新评估其货币政策战略时不赞成将消费者价格和资产价格同时纳入一个价格指数，原因之一就是资产价格受一些非政策冲击的影响，其波动较剧烈，因而很难从价格波动中分离出货币超发的因素（ECB，2003）。为解决这一困难，Issing（2003）建议使用货币增长率作为对货币超发程度的代理变量。虽然目前欧洲中央银行使用货币作为长期的消费者价格膨胀的指标，但 Issing 认为货币增长也可以作为短期的资产膨胀的指标。因此监测货币增长有助于估测短期和长期的货币超发程度。

一些研究发现货币增长和消费价格膨胀长期相关，但短期内并没有明显的相关关系（Friedman and Schwarz，1963；King，2002；Gerlach，2004；Neuman and Greiber，2004；Bruggeman et al.，2005）。此外，Christinano 等（2003），Bordo 和 Filardo（2004），Detken 和 Smets（2004）和 Gerdesmeier 等（2009）的研究发现，由于货币政策引发消费价格上涨具有时滞，这会带来政策引致型的资产价格泡沫。Andersson（2011）使用带状谱相回归的方法，利用八个发达国家的面板数据实证检验了货币增长率和消费价格及股价、房地产价格之间的关系，发现了货币在各种价格中的传导速度显著不同，房地产价格、股价对货币冲击的反应速度分别为 4 个月、6 个月，而消费价格完全吸收货币冲击则长达 10 年。但在长期内货币冲击对所有价格的效应是相同的，因而货币增长可在长、短期内视为流动性状况的有效变量。

至于为何不同的价格对货币冲击的反应速度不同，西方学者从不同角度进行了解释。如哈耶克（V. Hayek，1931）将货币量区分为购买消费品的货币量和购买资本品的货币量，认为在静态的均衡经济中，货币数量是一定的，这样，生产结构稳定和经济均衡的条件是以下三个比例相等：即用于购买消费品的货币量和购买资本品的货币量的比例，等于消费品需求量和资本品需求量的比例，也等于周期内所生产的消费品量与资本品量的比例。在哈耶克看来，货币数量变动后，不管一般物价水平是否变化，只要各种商品相对价格发生变化，就会对生产结构产生影响。这也就意味着，当货币数量改变时，不同类别的商品价格的上涨是有先后的，生产资料的价格、消费资料的价格和资本品的价格会出现不同时间的冲击。

另外，奥地利学派还强调通货膨胀具有"流体均衡"（a fluid equilibrium）的性质，认为过量货币在经济体内游走，所到之处摩擦力不同，因此能够暂时改变资产与商品的相对价格，并刺激投资、消费行为的改变。Belke、Orth 和 Setzer（2010）从动态价格调整的角度认为，房地产价格的供给弹性低于一般商品，故其反应速度快于物价，如果是在一个既定的货币量状态，资产价格上涨越是厉害，越会挤压其他消费领域的货币流量，甚至会使其他领域的物价更加降低。此外，一些后凯恩斯经济学的学者（Minsky，1986；Wray，1990；Dalziel，2000；Roche et. al，2007；Adalid et al.，2007）用"内生货币"、"内生的流动性"解释过多的流动性直接冲击国内金融的需求结构，导致金融不平衡，于是就出现了资产价格和一般价格总水平轮番上涨。但现有西方学者的研究成果分析的框架基本局限在一般的总量分析框架，且鲜有文献从不同的货币职能和货币结构角度进行分析。

国内学者在这方面的研究始于对"中国之谜"现象的思考，即快速的货币供给增长并没有带来严重的通货膨胀。对该现象的解释，国内的学者有两种思路。一是 20 世纪 90 年代，一批经济学家曾用货币化思路解释上述问题（谢平，1996；易纲，1996；张杰，1997 等），认为货币化过程稀释了大量货币，使其未能转化为通货膨胀。之后有一些学者沿着这条思路继续深入研究，在传统的两部门经济中引入金融资产部门，并用实证方法来验证货币化和过剩的流动性与物价、资产价格之间的关系。如易纲、王召（2002）提出了一个货币政策的股市传导机制模型，分析了商品价格与股市价格之间的几种关系。他们将资产价格与物价纳入同一个模型中进行分析，认为通货紧缩不一定是货币供应量偏紧造成的，资产膨胀同样不一定是货币供应量过度的产物，但是他们并没有对资产膨胀与通货紧缩并存的现象进行具体的展开。李斌（2004）指出，在中国经济的"需求约束"和"供给约束"下，货币量增长中的相当一部分将转化为储蓄，但并不反映在传统货币数量论方程式的货币量 M 中，其中相当数量的货币会流入资本市场，房地产及相关市场等"新产品"部门，导致这类产品相对价格上升，从而使传统部门有效需求下降，形成通货紧缩压力。王李李（2012）建立 SVAR 模型，考察了流动性指标 M_2/GDP 对 CPI 指数、上证指数、房屋价格指数的影响，发现 CPI 对流动性的冲击反应为负，最后为 0。房地产市场是更重要的流动性宣泄地，流动性对房地产价格形成收入效应，对物价和股价是替代效应。徐忠、张雪春、邹传伟（2012）系统阐释了房地产价格、通货膨胀与货币政策的关系，并利用 2005—2011 年的数据实证检验了流动性对房地产价格和通胀的显著影响作用。

第二条思路是从货币结构着手，分析不同层次的货币量对价格产生的不同效应。如伍志文（2002、2003）提出"金融资产囤积假说"并引入三部门模型（商品、货币、资本市场）来解释，结果表明当修改传统的货币数量论公式引入金融资产等新的变量之后，货币供应与通货膨胀之间的传统关系不复存在，两者存在反向变动关系。他还分析了通货紧缩与资产膨胀并存的生成机理，认为"中国之谜"是货币总量偏松下货币结构严重失衡的产物。优化货币结构是解决"中国悖论"的关键所在。李健（2007、2011）论证了由于货币职能变化所引致的货币结构变化，执行交易职能的货币和执行资产职能的货币分别影响物价和资产价格，货币均衡的表现也由物价转为包含资产价格和金融指标在内的综合价格，并实证验证了准货币与房地产价格之间的协整关系。何宝、周宁宁（2010）通过重点分析货币供应量指标 M_2 结构，发现只有"真实交易货币"能直接对物价起推动作用，分流进入资本市场的货币对物价只形成间接影响。短期内不可高估货币对物价的推动作用，但长期内高货币增长可能最终转换为长期的成本推进型通胀压力。冯贞柏（2009）提出中国货币化指数"剪刀差"的概念，即 M_2/GDP 与 M_1/GDP 之差有急剧扩大的趋势，它是"中国之谜"最为显著和直接的表现，造成金融对经济增长的"量性扩张支持"与"结构性制约"并存的特殊状态。赵丹华、唐安宝（2011）通过计量模型对货币供给的价格效应进行了比较分析，得出广义货币供应量 M_2 推动价格上涨的效应存在差异，房地产价格效应较大，物价效应较小，股价效应几乎不存在。吴军、董志伟、涂竞（2011）由货币结构分析视角，在定义 M_2 和 M_1 分别体现有支付能力需求和有效需求的基础上，运用统计方法，证明了当 M_1 增长率低于 M_2 增长率、M_1 占 M_2 比率下降，则预示着通货膨胀可能会由潜在转化为现实的论断。

综观国内外关于货币对物价和资产价格影响的文献，已有研究大多运用线性模型，结果往往发现货币量与房地产价格、物价之间的关系表现出不稳定性。虽然有学者开始将视角拓展至不同层次的货币与不同价格之间可能存在的非线性关系，但只是停留在经验的描述上而没有系统的理论框架和实证检验。鉴于此，本研究试图运用门限模型检验中国不同职能的货币量与房地产价格和物价之间的非线性关系。本研究的主要贡献在于：一是我们根据国内学者已有研究成果将货币结构定义进一步深化，分为货币结构的时间维度与空间维度；二是将不同职能的货币与不同类型价格的关系纳入非线性分析的范畴，从而拓展了货币量与资产价格及通货膨胀关系的研究视角、思路和方法；三是实证研究证实货币的资产化比率对房地产价格及物价具有门限效应，并且门限模型能够改善货币政策对房地产价格及通货膨胀的调控效果，这对于货币当局通过运用数量型货币政策工具保持房地产价格稳定，进而实现"稳通胀和保增长"目标具有一定的参考价值。

6.2 理论分析与经验模型

6.2.1 理论分析

货币结构中最重要的是层次结构，即不同层次货币占总量的比例。由于不同层次的货币执行不同职能，因此不同货币层次结构主要反映的是一国的货币总量中执行不同职能的货币比例。本研究主要关注交易职能与资产职能的货币对一国价格及其水平的影响。

在货币层次划分中，由于 M_1 包含流通中现金以及流动性较强的活期存款，因此 M_1 在经济运行中可以理解为是执行媒介交易职能的现实购买力，主要影响的是消费品价格（CPI）和生产品价格（PPI）等普通商品价格；M_2 在 M_1 的基础上包括了定期存款和储蓄存款等，这一部分准货币主要执行保值增值的资产职能，可以衡量经济体系中潜在的购买力，对于居民资产选择行为尤其是购置房产有较大影响。在一国经济体正常运行中，M_1 与准货币存在着相互转化的行为。从理论上说，微观经济主体的货币需求结构发生变化会对各类价格产生不同的影响：当 M_1 增速快于准货币时，潜在的购买力向现实转化，执行交易职能的货币数量增多，有效需求增加进而对经济增长起到促进作用，同时会对一般商品价格上涨产生一定压力；而当准货币增速快于 M_1 时，更多的货币发挥资产职能从流通领域流出，涌向房地产市场、股票市场等资产市场，从而推高资产价格。

下面我们从货币结构的时间维度和空间维度两个层面来分析货币冲击后两类价格反应不同的非线性关系。

（一）货币结构的时间维度：货币的资产化比率

货币结构的时间维度主要用以刻画不同层次货币购买力的实现在即期与远期的存在状况。M_1 层次的货币是即期购买力的实现方式，准货币体现的是远期购买力，因此，货币结构的时间维度可以用货币的资产化比率来反映。货币的资产化比率是指执行资产职能的准货币占货币总量的比例。由于货币结构中 M_2 向 M_1 的转化更多地体现为流动性变化并在很大程度上依赖于时间，因此我们选取货币的资产化比率这一指标作为货币结构的时间维度代表，从存量角度来考察不同职能的货币对不同类型价格的影响。用 w 表示货币的资产化比率，则

$$w = \frac{q_m}{m_2} \tag{6.1}$$

式中，q_m，m_2 分别表示准货币和广义货币的存量。

由上述分析可知，当 w 处于较低数值时，物价上涨较快而房地产价格较为平稳；当 w 处于较高数值区域内，则房地产价格上涨较快而物价较为平稳。故在货币的资产化比率的不同区域内，货币增量对房地产价格、物价的影响可能表现出非线性动态特征。

根据经济理论可推导出：

$$\frac{\partial HP}{\partial t} = \frac{S_w - C_w}{S_{hp}} \tag{6.2}$$

式中，S_w、C_w、S_{hp} 分别表示货币的资产化比率对储蓄的边际影响、货币的资产化比率对消费的边际影响以及房地产价格对储蓄的边际影响。于是货币的资产化比率对房地产价格的影响方向和力度取决于 C_w 和 S_w 的对比。根据前文的理论分析，我们将货币的资产化比率划分为两个阶段予以讨论：

（1）货币的资产化比率较低值阶段（$w < w^*$）。由于交易性货币需求的增大导致消费水平上升，人们大量购买日用消费商品，从而导致 CPI 的持续上

涨，这一阶段 C_w 一般不会低于 S_w，因而房地产价格平稳，物价上涨。

（2）货币的资产化比率较高值阶段（$w > w^*$）。更多发挥资产职能货币涌入到资产市场，对投资的刺激作用进一步得到强化，此时（$S_w - C_w$）的值是高于第一阶段的数值的，于是刺激了房地产价格的持续走强。

（二）货币结构的空间维度：货币的非实体化比率

货币结构的空间维度，在本研究中是用于刻画货币流向不同市场的分布状况。我们把流向资产市场的货币占货币总量之比称做非实体化比率。本研究选取货币的非实体化比率这一指标作为货币结构的空间维度代表，从流量角度来考察货币在不同市场的配置是如何引导不同价格的联动上涨和传导的。

首先，假定市场可简化为商品市场、房产市场和其他资产市场。我们对古典货币数量论公式 MV = PQ 作进一步深化：

$$MV = PQ + HP \cdot HQ + U \tag{6.3}$$

式中，P、Q 分别为商品的价格与数量；HP、HQ 分别代表房地产市场（以成交的为例）的价格和数量；U 代表除货币和房产以外的资产总额，包括股票、债券、黄金等等。我们对上式进行相关处理，首先对两边同时对时间 t 求导，

$$V\frac{\mathrm{d}M}{\mathrm{d}t} + M\frac{\mathrm{d}V}{\mathrm{d}t} = P\frac{\mathrm{d}Q}{\mathrm{d}t} + Q\frac{\mathrm{d}P}{\mathrm{d}t} + HP\frac{\mathrm{d}HQ}{\mathrm{d}t} + HQ\frac{\mathrm{d}HP}{\mathrm{d}t} + \frac{\mathrm{d}U}{\mathrm{d}t} \tag{6.4}$$

在等式两边同时除以 MV 可得

$$\frac{1}{M} \cdot \frac{\mathrm{d}M}{\mathrm{d}t} + \frac{1}{V} \cdot \frac{\mathrm{d}V}{\mathrm{d}t} = \left\{ \frac{PQ}{MV} \cdot \frac{\mathrm{d}P}{\mathrm{d}t} + \frac{PQ}{MV} \cdot \frac{1}{Q} \cdot \frac{\mathrm{d}Q}{\mathrm{d}t} \right\} +$$
$$\left\{ \frac{HP \cdot HQ}{MV} \cdot \frac{1}{HP} \cdot \frac{\mathrm{d}HP}{\mathrm{d}t} + \frac{HP \times HQ}{MV} \cdot \frac{1}{HQ} \cdot \frac{\mathrm{d}HQ}{\mathrm{d}t} \right\} + \frac{U}{MV} \cdot \frac{1}{U} \cdot \frac{\mathrm{d}U}{\mathrm{d}t} \tag{6.5}$$

令 m_t、v_t、p_t、q_t、hp_t、hq_t、u_t 分别表示货币供应量、货币流通速度、商品价格、商品总量、房地产价格、房地产成交总量和其他资产总额的增长率

$$\alpha_t = \frac{PQ}{MV} \quad \beta_t = \frac{HP \cdot HQ}{MV} \quad \gamma_t = \frac{U}{MV}$$

经过整理可得

$$m_t + v_t = \alpha_t(p_t + q_t) + \beta_t(hp_t + hq_t) + \gamma_t u_t \tag{6.6}$$

α_t 的经济含义是商品市场占总体经济量的比重，β_t 代表房产市场占总体经济量的比重，γ_t 代表其他类资产市场占总体经济量的比重。由于黄金市场等其他的资产市场交易量尚不大，数据也没有较长时间的序列，因此我们仅将商品市场、房地产市场、证券市场纳入分析范围。我们考虑到短期内货币流通速度较为稳定，因此假定 v 为定值，且 p_t、q_t、hp_t、hq_t 相关价格与总量的增长率等

波动较小，那么当货币供给进入经济运行中时，会向商品市场、证券市场和其他资产市场流动。

针对中国目前现状，在居民的资产选择方面，由于投资渠道有限和住房的特殊性，居民大部分投资性货币需求或执行资产职能的货币中大部分涌入了房产市场，房产市场作为资产市场的一种形式可以吸收相当部分的超额货币供给，进而在一定程度上可以减轻实体经济中商品价格上涨的压力。但当房地产价格上升过度后，通过财富效应、托宾的 Q 值效应等作用会促进总需求上升进而推动 CPI 的上涨，房产市场吸收超额货币供给的作用即会减弱或消失，甚至可能成为进一步促进价格全面上涨的原因。由于房产市场存在资金的流入与流出，因此最终我们定义货币的非实体化比率 s 为货币结构空间维度的代表指标：

$$s = \frac{\beta_t - \alpha_t}{\beta_t} \tag{6.7}$$

其中当资金从房产市场流出时 $s < 0$，为简化分析我们假设房产市场资金流出直接对商品市场价格水平造成压力。该指标实质衡量了货币总量进入实体经济与虚拟经济的比例，反映了房产市场在吞吐货币时对实体经济带来的影响，因为 CPI 中部分波动来自房地产价格波动的影响。从货币结构考虑货币与 CPI 的关系，可以较为清晰地从货币职能角度出发，结合资产的不同形态，排除相关资产价格与货币供给间的干扰使得研究结果更为精确。

综上，货币结构与房地产价格、物价的基本关系简略表示可见图 6 - 1。

6.2.2　经验模型

在货币结构的时间维度方面，本研究借鉴 Tong（1983）的门限自回归模型，建立门限模型分析货币的资产化比率与房地产价格、物价的非线性关系。在货币结构的空间维度方面，则利用 VAR 模型的脉冲响应来考察货币的非实体化比率对房地产价格、物价的联动冲击以及房地产价格波动对物价波动的传导。

（一）门限模型

通过在解释变量中包含货币的资产化比率，本研究建立多变量门限模型如下：

$$\gamma_t = (\alpha_0 + \alpha_1\gamma_{t-1} + \alpha_2 X_{t-1} + \alpha_3 z_{t-1}) \cdot I_t(z_{t-1} \leq \tau) +$$
$$(\beta_0 + \beta_1\gamma_{t-1} + \beta_2 X_{t-1} + \beta_3 z_{t-1}) \cdot I_t(z_{t-1} > \tau) + \xi_t, \xi_t \sim iid(0, \sigma_t^2)$$

$$\tag{6.8}$$

首先，根据相应的门限值运用 OLS 对模型进行估计。根据 Chan（1993）

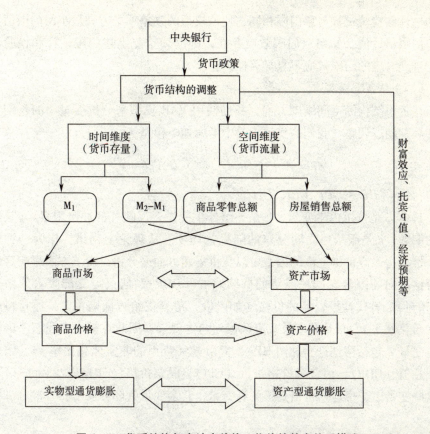

图6-1 货币结构与房地产价格、物价的基本关系描述

的思想，通过对所有可能的门限值进行迭代，选择模型的残差平方和最小的门限值作为估计值。对门限值的估计采用重排自回归方法进行格点搜索。

然后对门限效应进行检验。由于在无门限效应的原假设下门限参数无法识别，使得传统检验量的渐进分布不再服从标准的 X2 分布，而是服从非标准分布，这种分布的临界值无法通过模拟方式获得。为解决这一问题，Hansen（1996）建议采用自助法获得大样本下的渐进 P 值，当 P 值足够小时可以拒绝原假设，说明存在门限效应。为此本研究采用 Hansen（1996）的 LM 检验考察门限效应的显著性。

为了进一步检验可能存在的双门限效应，本研究构建双门限模型如下所示：

$$\gamma_t = (\alpha_0 + \alpha_1\gamma_{t-1} + \alpha_2 X_{t-1} + \alpha_3 z_{t-1}) \cdot I_t(z_{t-1} \leq \tau_1) + (\beta_0 + \beta_1\gamma_{t-1} + \beta_2 X_{t-1} + \beta_3 z_{t-1}) \cdot$$
$$I_t(\tau_1 < z_{t-1} \leq \tau_2) + (\gamma_0 + \gamma_1\gamma_{t-1} + \gamma_2 X_{t-1} + \gamma_3 z_{t-1})I_t(z_{t-1} > \tau_2) + \xi_t \qquad (6.9)$$

对上述模型的估计是在固定单一门限条件下估计第二个门限。对第二个门限的估计和检验过程与单门限相同，使该模型的残差项平方和最小的门限值为第二门限估计值。如果双门限效应存在，则继续重复上述门限估计和检验过程，直到对应的门限效应不具显著性为止。

（二）VAR 模型

在货币结构的空间维度方面，我们使用 VAR 模型来分析变量间的长期关系和短期动态调整。我们的实证检验中考虑如下模型：

$$Z_t = A + \sum_{i=1}^{j} B_i Z_{t-j} + \sum_{m=1}^{j} C_m V_{t-j} + \varepsilon_t \tag{6.10}$$

式中：$Z = [HP, s, GDP, CPI, SP, I]'$

其中 Z 是一组内生变量，V 是一组外生变量，反映外部冲击因素。j 是滞后的期数，ε 是服从独立同分布的随机扰动项。从理论上来讲，作为一种商品，推动房地产价格上涨的因素可以从供需两方面来分析。需求方面影响房地产价格走向的因素有国民经济的持续发展（GDP）、居民可支配收入的增长（货币量）、替代性投资品的价格（如股价）等；供给方面则主要是原材料成本（价格水平）、贷款利率及政府政策导向等因素。因此在模型中我们考虑的内生变量 Z 包括房地产价格（HP）、货币量（货币的非实体化比率 s）、国内生产总值（GDP）、消费者价格指数（CPI）、股票价格（SP）以及利率（I），在这些变量中，房地产价格是被解释变量，其余变量为解释变量。

6.3　实证分析

6.3.1　研究假说

假说一：较高的货币资产化比率会显著推动房地产价格上涨，较低的货币资产化比率拉动一般物价上涨的趋势更明显。

假说二：在货币总量不变的条件下，货币的非实业化程度提高时，房地产价格会上涨，而物价可能不变或下降。

假说三：房地产价格对货币冲击的响应速度快于物价的响应速度，进而使房地产价格的变化传导到物价，实现资产型通货膨胀向实物型通货膨胀的转变。

6.3.2 研究方法与数据构成

我们针对中国的数据进行实证分析，包含如下变量：货币结构的时间维度（w），货币结构的空间维度（s），广义货币量（M）、房地产价格（HP），物价（CPI），国内生产总值（GDP）、股票价格（SP）以及利率（I）。数据均为月度数据，国内生产总值用工业生产总值作为替代变量。考虑到房改政策在20世纪90年代末实施，样本数据跨度为1999年1月至2013年3月，同时将环比数据换算成为以1999年1月的定基数据，并运用Census X12方法进行季节调整。

货币结构时间维度的数据来源于中国人民银行公布的月度狭义货币供给量与广义货币供给量，并按照本研究中货币资产化比率的计算方式进行相关处理。

货币结构空间维度的数据包含两个部分，首先商品市场中零售商品的价值总额我们采用社会商品零售总额的月度数据来代替，并运用相同方法进行季节调整，其中没有加入进口总值的原因是中国结售汇制度使得外汇占款投放远大于进口用汇所回收人民币，因此进口产品市场不具备吸收超额货币的功能。对于住房方面，我们采用每月住房销售额代表住房市场的价值总额。资产市场方面我们对国内沪深两市月度资金流向进行统计。商品市场价值总额减去资产市场流入资金或加上资产市场流出资金后与商品市场价值总额的比值最终形成指标s。以上数据来自中经网、CEIC数据库、中国统计年鉴、股市月度资金流向报告及中国人民银行官方统计报表。

6.3.3 门限模型对货币结构时间维度的实证分析

（一）房地产价格的门限模型

房地产价格的门限模型包括的解释变量有滞后1期的房地产价格、通货膨胀率、广义货币，以货币的资产化比率作为门限变量。具体模型设定如下式：

$$hp_t = (\alpha_0 + \alpha_1 hp_{t-1} + \alpha_2 cpi_{t-1} + \alpha_3 m_{t-1}) \cdot I_t(w_{t-1} > \tau) +$$

$$(\beta_0 + \beta_1 hp_{t-1} + \beta_2 cpi_{t-1} + \beta_3 m_{t-1}) \cdot I_t(w_{t-1} \leqslant \tau) + \xi_t, \xi_t \sim iid(0, \sigma_t^2)$$

$$(6.11)$$

采用重排自回归方法估计上述模型的门限值。在得到门限估计值后利用Bootstrap方法检验门限效应的显著性水平。重复以上估计步骤并进行多门限检验，直到门限效应检验不具显著性为止。结果发现第一个门限值为0.6412，且该门限效应显著存在；继续搜索得到第二个门限值为 0.6499，但自助法发现该门限效应不显著。具体门限检验结果见表 6 - 1。

表 6 - 1　　　　　　　　　房地产价格的门限效应检验结果

H0（原假设）	H1（备择假设）	threshold	LM 检验统计量	结论
无门限效应	1 个门限	0.6412	30.24 *** （0.004）	拒绝原假设
1 个门限	2 个门限	0.6499	8.31 （0.642）	接受原假设

从以上结果可知，可以 0.6412 的货币资产化比率将门限模型划分为两个机制，进而对门限模型进行估计，估计结果如表 6 - 2 所示：

表 6 - 2　　　　　　　　不同机制下房地产价格的门限效果

被解释变量 解释变量	门限模型		最小二乘
	机制一：$w < 0.6412$	机制二：$w > 0.6412$	
截距项	-42.1989 （-0.878）	65.4000 （1.196）	-15.0866 （-0.404）
hp_{t-1}	-0.1368 （-0.918）	-1.2387 *** （-3.952）	-0.3659 * （-2.643）
cpi_{t-1}	0.3874 （0.818）	-0.6887 （-1.299）	0.1300 （0.357）
m_{t-1}	0.9985 （1.097）	1.8883 ** （2.288）	1.0464 * （1.728）
样本容量	73	94	171

可以发现，以 0.6412 的货币资产化比率为机制转换的门限值，在两种不同的机制中，货币冲击、滞后的房地产价格、通货膨胀率对未来的房地产价格变动的影响系数存在显著的差异性：在较低的货币资产化比率下，货币量的增长对预期房地产价格的影响系数不显著；在较高的货币资产化比率下，货币量的增加对预期房地产价格的影响系数为 1.89 且比较显著。

（二）物价的门限模型

物价门限模型中包括的解释变量有滞后的物价上涨率、产出缺口、广义货币增长率和房地产价格增长率。以货币的资产化比率为门限变量，设定的门限模型如下式：

$$cpi_t = (\alpha'_0 + \alpha'_1 cpi_{t-1} + \alpha'_2 gap_{t-1} + \alpha'_3 m_{t-1} + \alpha'_4 hp_{t-1})$$
$$\cdot I_t(w_{t-1} > \tau) + (\beta'_0 + \beta'_1 cpi_{t-1} + \beta'_2 gap_{t-1} + \beta'_3 m_{t-1} + \beta'_4 hp_{t-1})$$
$$\cdot I_t(w_{t-1} \leq \tau) + \xi'_t, \xi'_t \sim iid(0, \sigma_t^2) \tag{6.12}$$

采用相同的方法搜索上述模型的门限值，结果发现第一个门限值为 0.6357，运用 Bootstrap 法进行门限效应检验，发现门限效应显著存在；继续搜索第二个门限值，得到门限值 0.6419，但是门限效应不显著。

表6-3 物价的门限效应检验结果

H0（原假设）	H1（备择假设）	threshold	LM 检验统计量	结论
无门限效应	1 个门限	0.6357	24.55 *** （0.008）	拒绝原假设
1 个门限	2 个门限	0.6419	8.79（0.935）	接受原假设

由此可知，以货币资产化比率 0.6357 作为门限值可以将上述模型划分为高低两种机制，进而对它进行估计，估计结果见表6-4。

表6-4 不同机制下物价的门限效果

解释变量 \ 被解释变量	门限模型		最小二乘
	机制一：$w < 0.6357$	机制二：$w > 0.6357$	
截距项	18.2641 *** （2.926）	−52.27194（−1.368）	15.70443 * （2.257）
cpi_{t-1}	0.813563 *** （13.142）	1.51009 *** （4.059）	0.83705 *** （12.234）
gap_{t-1}	0.007004（0.527）	−0.01184（−0.342）	0.01874 * （1.719）
hp_{t-1}	0.07（0.82）	0.35 * （2.86）	0.32578 * （2.162）
m_{t-1}	0.841123 ** （5.694）	0.24528（0.893）	0.21555 * （2.345）
样本容量	68	99	171

可以看出，在以 0.6357 的货币资产化比率为门限值的不同机制中，各解释变量对物价上涨率 cpi 的影响具有显著差异。在货币的低资产化比率下，货币增长对未来物价上涨的影响系数为 0.84 且较为显著；但在货币的高资产化比率下，这种效果十分微弱且不显著。

6.3.4 VAR 模型对货币结构空间维度的实证分析

根据公式（6.6）和公式（6.7），我们可以计算出货币的非实体化比率 s 的值，如图6-2。当 s 值为负数，意味着流向商品市场的货币量大于流向资产市场的货币量；当 s 为正数，意味着流向商品市场的货币量小于流向房产等资产市场的货币量；当 s 为零，则两者相等。图中可以看出，在刚进行住房改革的 1999 年，s 值接近 −30，货币量主要流向商品市场；而随着房产等资产市场吸纳货币量的逐年增加，到 2013 年，该比值已接近零。虽然目前资产市场吸纳的货币量还未超过商品市场，但货币逐年从商品市场流向资产市场的趋势还是十分明显的。

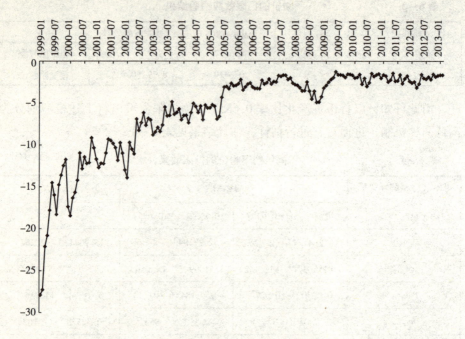

图6-2 货币的非实体化比率s（1999—2013年）

（一）平稳性检验

时间序列变量的研究通常需要其为平稳时间变量，对于非平稳序列则可通过协整关系考察相关的变量间关系，存在协整关系的前提是不同时间序列数据至少需要其为同阶单整序列，然后才可再进一步对其运用协整等技术处理。对于各时间序列平稳性检验，我们采用ADF检验。经过检验房地产价格（HP）、货币的非实体化比率（s）、国内生产总值（GDP）、消费者价格指数（CPI）、股票价格（SP）以及利率（I）均为一阶单整序列，即I（2）。

（二）协整关系检验

Engle和Granger（1987）提出协整理论及其方法，该方法为非平稳序列的研究作出了巨大贡献，当一些变量不平稳时，但是从长期来看变量间可能存在均衡关系，在一个系统中其线性组合可能呈现为平稳序列，称其为协整方程，在满足一阶单整的前提下我们对数据进行Johansen协整检验，详见表6-5。检验表明在不同检验形式下变量间存在协整关系，为下一步建立VAR模型提供了基础。

表6－5　　　　　　　　Johansen 检验结果① （Max－Eig）

变量 ＼ (C, T, T*)	(0, 0, 0)	(C, 0, 0)	(C, 0, L)	(C, 1, L)	(C, 1, Q)
HP、s、GDP、CPI、SP、I	1	1	1	1	1

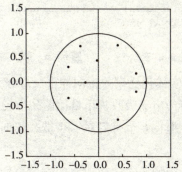

图6－3　VAR 模型的 AR 根图表

根据 AIC 准则并为保证自由度损失较小，我们选取滞后阶数为 3 阶的 VAR 模型，变量构建顺序为 HP、s、GDP、CPI、SP、I。

（三）脉冲响应

运用 VAR 模型的一种分析思路是考虑扰动项的影响如何传播到各个变量的，即当模型受到某种冲击时对系统的动态影响，这种分析方法即为脉冲响应（impulse response）。脉冲响应具体反映了一个内生变量冲击给其他内生变量带来的影响，更多体现在影响的方向上。

从脉冲响应的检验结果我们可以看出，货币的非实体化比率对房地产价格有正向冲击，而对 CPI 的冲击是先负后正，并且房地产价格的响应程度快于 CPI 的响应程度，详见图6－4和图6－5因此从中我们可以得到以下结论：

首先，当货币结构的空间维度发生变换，即部分货币从商品市场流出，或者资产市场有新的货币流入时，将立即拉动房地产价格较快上涨，在 10 个月后近似达到峰值，并保持对房地产价格较长时间的影响。

---

① 其中检验形式（C，T，T*）表示协整方程的截距、协整方程趋势和 VAR 模型趋势，L 表示线性趋势，Q 表示二次趋势。检验在 5% 显著性水平以及滞后项为三阶的前提下进行，表格中数字含义为存在协整关系数量。根据 AIC 准则滞后期采用滞后 3 期。

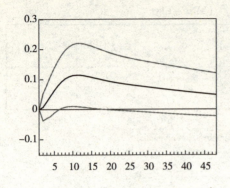

图 6-4 HP 对 s 冲击的响应   图 6-5 CPI 对 s 冲击的响应

其次，CPI 对货币的非实体化比率的正向冲击反应较为特殊，当货币结构的空间维度发生变化，即资产市场吸收货币量比商品市场吸收量更多时，短期内对 CPI 将产生负向影响，但在 6 个月后对 CPI 带来正向冲击，可以拉动 CPI 上升。

最后，房地产价格对货币的非实体化比率的响应要快于 CPI。结合 CPI 的响应先负后正，说明房地产价格上涨之后，会通过各种渠道传导到实体经济领域，拉动一般物价水平的上涨，从而出现资产型通货膨胀向实物型通货膨胀的传导。

6.4 结论与政策建议

本章利用门限模型与 VAR 模型考察了货币结构与房地产价格、物价的非线性关系。研究发现：不同层次、不同职能的货币会对房地产价格、物价的变动产生不一致的影响，货币发挥不同职能的比重、货币在实体经济和虚拟经济领域之间的转化，都可能是导致这种非线性动态关系的重要原因。为了进一步刻画这种关系，本章分别建立了房地产价格的门限模型、物价的门限模型，以及房地产价格、物价与货币结构之间的动态 VAR 模型，并利用中国 1999 年 1 月至 2013 年 3 月的数据进行估计。本章得出的结论主要有以下两点：

第一，从货币结构的时间维度来看，货币的资产化程度对未来的房地产价格与物价走势具有显著的非线性影响。对于房地产价格来说，在高于 0.6412 的货币资产化比率处存在着门限效应，即货币供应量中较高的资产化比率会更显著地推动房地产价格上涨；而对于物价来说，在低于 0.6357 的货币资产化比率处存在着门限效应，即当货币供应量中执行资产职能的货币较少，执行交易职能的货币较多时，房地产价格上涨的效应不明显，而一般商品价格将会有一个较强的上涨趋势。表现在准货币为主的结构下，货币量的增长对房地产价格等资产价格的影响更大；以交易性货币（M_1）为主的结构下，货币的增长更多地反映在 CPI 等一般物价上。

第二，从货币结构的空间维度来看，货币流量在不同形态的经济领域之间流动，即在实体经济与虚拟经济之间转化，因此货币的非实体化程度也造成了房地产价格和物价以不同的速度变化，且存在一个传导过程。脉冲响应的结果显示，当部分货币从商品市场流出，或者资产市场有新的货币流入时，即货币的非实体化比率提高时，房地产价格将有一个较快上涨的趋势，而一般物价将在短期内下降，但经过一段时间之后又会产生向上的趋势，其响应存在一定的滞后效应，而且物价的响应速度慢于房地产价格的响应速度。这也揭示了房地产价格上涨之后，会通过各种渠道传导到实体经济领域，拉动一般物价水平的上涨，出现资产型通货膨胀传递到实物型通货膨胀的转变。

当然，实证结果无法排除样本数据及人为统计因素干扰。由于商品市场未列入 CPI 包含的相关服务项目，并且资产市场的组成也不甚完善，因此对于货币结构空间维度的指标构造在一定程度上也会影响其与 CPI 之间的关系。

依据上述实证结论以及原因分析，我们根据当前国家整体经济运行形势给出相关的政策建议是：

（1）货币当局在制定宏观政策时不能仅关注货币总量，还需重视货币结构的变化，充分意识到货币结构的变化在不同机制中对未来房地产价格、物价以及通货膨胀的预测能力。清醒地认识到在不同的货币结构下，货币量对于各类价格的影响不一，尤其是当货币供应量中执行资产职能的货币比率明显上升时，要密切关注其对房地产价格等资产价格上涨的引致作用以及由此带来的资产型通货膨胀与继发的实物型通货膨胀并发的问题。

（2）可以考虑将货币的资产化比率作为中国货币政策监测目标。货币的资产化比率与房地产价格的相关性较为密切且存在门限效应，其对资产价格的影响较为确定。该比率上升意味着货币对资产价格影响更大，该比率下降意味着货币对一般价格的冲击加大。在当前中国货币层次划分较为简易与清晰的阶段可考虑纳入货币的资产化比率作为货币政策的监测指标，关注其变化的方向与程度，更为精准地分析货币政策的传导及其效果。

（3）要警惕资产型通货膨胀向实物型通货膨胀的传导和转化。由于货币可以自由地在实体经济与虚拟经济领域中流入流出，资产价格的上涨会通过财富效应、投资效应和经济预期等渠道传导至一般物价的上涨，进而发生实物型通货膨胀。因此对于房地产价格持续上涨但消费物价平稳和宏观经济稳定的表象，货币当局不能掉以轻心，需要将资产价格纳入到广义的价格指数中来，重视资产价格的变动，防止资产型和实物型通胀的并发。

（4）控制货币的超额供给是解决房地产价格、物价上涨压力的根本。无论是基础货币的过多投放还是银行系统信贷量过度发放，从根本上来讲都会造成货币供给超过货币需求，超额的货币供给量在经济运行中必然反映为价格上涨，目前中国商品市场与资产市场成为最终吸纳货币供给的两个子系统，过多的货币必然导致资产价格和物价的上涨。因此，解决价格水平上涨的根本办法不是控制房地产价格或其他价格，而应根据货币需求来有效控制货币供给，通过完善制度和适当运用政策工具有效控制对经济体系注入的基础货币数量和货币乘数，从根本上实现币值的稳定。

（5）当迫于内外压力而出现货币总量过多时，短期内可以考虑放开对房地产价格等资产价格的管制，采用提高存款利率等相关政策措施适度促进货币资产化和非实体化比率的提升，让虚拟经济市场更多地吸纳超额货币，相对减轻对国计民生影响更大的一般物价上涨压力。

7

治理资产型通货膨胀的货币
政策框架：基于中国实际

由于货币扩张往往通过资产价格的上涨来带动整体物价的上升，因此治理资产型通货膨胀的关键在于中间环节：资产价格的跟踪和调控。从理论研究角度出发，治理资产型通货膨主要采用以下策略：（1）盯住资产价格；（2）刺破资产价格泡沫；（3）逆周期调控；（4）事后清理。从政策实践角度出发，尽管各国货币当局都不同程度地注意到与资产价格泡沫相关的潜在风险，但通常政策反应相对空白或滞后。这是因为：（1）主流的应用于经济金融分析和预测的数理模型对金融市场信息持消极态度，换句话说对金融市场的变化所持的是观望和自由主义观念，对较长期的通胀也较少作出预期；（2）界定资产价格泡沫的方法存在不同程度的争议；（3）即便中央银行能界定资产价格泡沫，但对刺破泡沫可能引起产出大幅降低存在种种担忧；（4）普遍认同泡沫破裂后实施大幅降息的量化宽松措施（即事后清理）可以有效地缓解对实体经济的冲击。因而，中央银行通常对资产价格泡沫采取放任态度，既不对资产价格泡沫进行界定，也不对其进行积极干预，只是在泡沫破裂后采取"事后清理"策略。但随着各国金融经济的发展，"事后清理"策略意味着货币当局以对市场参与者无成本的保险来应对最糟糕的情形，存在着一定的社会不公，换句话说就是让大多数人为少数人的错误来"买单"。同时，这种方式也酝酿着新一轮的泡沫，因而，这种事后清理的策略或许是不可取的，而灵活使用前三者的混合为上策。

为了更好地管理中国目前以及将来的物价水平，结合"稳增长、调结构和控物价"的战略视角，货币政策应以控制房地产价格泡沫实现房地产价格软着陆为中心，以更"均匀"的货币政策反应周期为支柱，以功能性改革和宏观审慎监管为辅翼，进而稳定公众的通胀预期，阻断货币供给通过房地产价格过度涨跌传导至一般物价水平。

7.1　构建包含房地产价格在内的动态核心 CPI，提高货币政策制定的精确性

7.1.1　资产价格与通货膨胀测度的关系

从会计学角度，资产指的是能够在多个会计期内带来效用的商品，是未来现金流的贴现。作为理性的经济人，人们会合理地分配其财富量形成不同时期的资产量，以期达到整个生命周期内效用最大化。因此，作为当期购买未来消费的商品或服务的价格水平，资产非常有必要纳入通胀测度体系，以进一步反映人们的跨期成本指数，以便更合理地反映社会物价总水平。

从预期角度，作为未来的经济利益，资产还会影响到通货膨胀预期，无论是惜卖心理还是囤货心理，人们对于未来价格走势的预期都已经极大地影响到他们的当期消费，进而影响当期价格水平。通胀预期可以说是公众对通胀在未来变动方向与幅度的事前估计，稳定与否可能给宏观经济带来严重冲击，形成类似于发达经济体的"大稳健"（great moderation）或"高通胀"（great inflation）现象（Bernanke，2004）。理论层面而言，首先，通胀预期极大地影响实际通胀，从而影响中央银行稳定价格的能力（Bernanke，2007 等）；其次，通胀预期所包含的范围广泛的信息，能促进前瞻性决策的效率；最后，通胀预期的变动实则反映货币政策的可信度（Barro and Gordon，1983）。实践层面而言，通胀目标制是当前流行的预期管理方法，借助对通胀目标的显性承诺和与公众之间的良好沟通，构造预期的名义锚和可考核且透明的政策评价标准，简化公众的决策过程并减小决策成本，从而降低通胀持续性和增强通胀预期的稳定性（Gürkaynak et al.，2007）。因此，为了反映通货膨胀预期，也有必要引入资产价格，因为资产作为未来消费的当期贴现，包括了未来物价水平的信息，是人们在整个生命周期中未来消费的一种当期价格，可以作为通货膨胀预期值的一个较好替代。

现实来看，在全球经济仍处于由低谷向全面复苏艰难迈进的时候，全球货币的主动与被动性扩张，是否会导致全球或者局部流动性过剩（或者说超额货币）的再一次泛滥，并通过多种渠道作用于股票、房地产等资产价格，造成资产价格的大幅上涨和全球通货膨胀预期的进一步加剧？尤其是当前在全球

经济增长还普遍乏力的情况下，上述情况发展到一定阶段后，是否会再次引发经济过热，催生经济泡沫，进而通过连锁效应，再次引发新的经济危机和"滞胀"局面的出现？面对这一错综复杂的格局，更重要的是应该采取怎样的手段来促进全球经济更平稳的发展？显然上述问题的解决，都建立在经济全球化进程中，货币供给、价格水平波动对全球经济增长影响所表现出来的规律性特征更清楚认识的基础上。

国内外的大量研究结果显示，由于资产价格与通货膨胀之间存在一定的相关性，将资产价格尤其是房地产价格纳入通货膨胀的测度是个较好的选择。Adalid 和 Detken（2007）通过对 18 个 OECD 国家资产价格膨胀时期的研究表明，在价格上涨时期，货币供给是房地产价格变化的主要因素，而在一般时期，货币供给影响则会从资产价格逐步传递到消费价格上。Beltratti 和 Morana（2010）针对 G7 国家房地产价格波动的影响分析指出，房地产价格和宏观经济发展之间的影响具有明显的双向性特点。对于一般价格水平波动所体现的通胀影响，Bullard 和 Keating（1995）、Ghossoub 和 Reed（2010）的研究具有一定代表性，他们认为在高通胀地区（时期），通货膨胀对经济增长的影响或者显著为负或者不确定；而在低通胀地区（时期），通货膨胀对经济增长大多表现为促进作用。王军平（2006）对考虑了住房类消费价格推算的 CPI 和原 CPI 进行比较分析，得出住房地产价格格上涨通过多种渠道传导至 CPI，并对其他商品和服务的消费产生挤出效应。冀翼（2008）指出，资产价格特别是房地产价格与通货膨胀有着一种稳定的函数关系，强调不能忽视资产价格的价格预期功效，但也不能盲目地把资产价格并入 CPI 中计量。丁攀、罗洋（2009）基于协整和误差修正模型及 Grange 因果检验进行实证分析，结果表明中国资产价格与通货膨胀之间存在稳定的长期均衡关系，其中房地产价格对通货膨胀的影响大于股价，且房地产价格上涨显著推高通货膨胀水平。王建凯（2009）在检验了资产价格与通货膨胀存在长期协整关系的基础上，比较分析了资产价格指数纳入消费物价指数与传统消费物价指数的关系，指出传统消费物价指数低估了通胀水平，同时，房地产价格对通胀的预测作用更明显，适合纳入通胀指数中，而股价不适合纳入。曾辉（2010）利用动态因子法和动态均衡价格指数法构建了中国月度广义价格指数并进行了实证检验，结果表明广义价格指数一般高于 CPI，但具有较低的波动性，广义价格指数可能更能反映长期通胀压力，且该指数更具可预测性。

但也有对资产价格纳入通货膨胀有异议的观点。Vickers（1999）认为将资产价格引入物价指数存在问题，因为采用经验分析方法得出的修正通货膨胀指数，忽视了资产价格波动内生货币供应效应，容易导致估计结果的不合理性。欧洲中央银行 Trichet（2002）通过研究得出结论：欧洲中央银行不打算将资产价格纳入通货膨胀的测算范围之内，其主要原因有三个：一是资产价格与商品和服务的价格是完全不同性质的，其包含的信息也不尽相同；二是资产价格的波动远远大于一般商品和服务价格的波动，势必引起监控不便；三是由于资产价格受到许多因素的影响，很难确定其合理价值。但这些因素对通货膨胀测度的影响随着计量方法的改进和经济金融环境的变化都在逐步减弱。Mishkin（2009）、Borio（2008）等人的研究更是指出，在分析微观主体对资产价格的预期和商品价格的预期是如何互动和替代并作用于商品价格变动的基础上，有效提取了资产价格反应的市场微观主体的预期信息（资产价格信息的优势在于及时提供市场微观主体的预期信息），以及在通胀识别先行指标中引入市场预期变量，如从资产市场价格中提取的利率期限结构信息和风险溢价等变量，这对于货币政策的制定及有效性都具有重要的意义。

总体而言，既有研究大多集中讨论的是发达国家的经济情况，而真正从全球化视角出发，同时考虑发展中国家和地区情况的还不多见。"后危机"时代，国际经济版图的重新调整，以中国为代表的发展中国家/地区经济增长率先恢复，成为全球新的增长引擎，其影响也越来越突出，因此，有必要更多地关注这些国家和地区的作用。更重要的是，近年来全球经济发展的诸多事实更进一步表明，不同资产价格和一般消费价格水平的频繁波动和互动影响，加剧了全球货币供给对实体经济增长影响的不确定性。

7.1.2 中国房地产价格对通货膨胀测度的影响分析

最近 20 年以来，各国货币政策当局与经济学家对资产价格，尤其是房地产价格的波动表示出极大的关注与兴趣，这主要源于 20 世纪 80 年代末和 90 年代初期，日本与英国等发达国家所经历的通货膨胀中，房地产价格波动起到了先行指示器的作用（Filardo，2000）。随着房地产业在国民经济中所占地位的上升，这些问题逐渐成为中国货币政策当局进行宏观调控，进而实现物价稳定目标所面临的基础性问题。

就中国而言，直接融资市场相对不完善，因而房产在资产市场中扮演着重要角色，同时鉴于城镇化的进程以及城市居民强烈的住房改善需求，在今后相当长一段时期内，住房消费仍是居民消费支出的极其重要的组成部分。因而，房地产价格的快速上涨是大概率事件，有必要将其单独纳入 CPI，以更准确地反映居民消费价格变动情况。大量的研究结论也对这一直观结论提供了一定支撑，房地产价格波动对通货膨胀有巨大的影响，而股票价格的波动对宏观经济的影响微弱。王维安（2005）通过构建房地产均衡市场模型，对中国房地产市场进行了实证研究，发现房地产预期收益率与通货膨胀之间存在稳定的函数关系，建议把房地产价格纳入居民消费价格指数。汪恒（2007）尝试使用中国的数据构建一个以资产价格进行修正的新通货膨胀指数，得到以房地产价格进行修正的新通货膨胀指数，经过实证分析，修正后的价格指数将对通货膨胀发展趋势有较好的解释度和预测度。

因此，将房地产价格纳入通货膨胀指数测度，必将提高修正后的通货膨胀指数的预测性。从广义价格指数角度来看，资产价格能够提供未来商品价格的信息，换言之，资产价格隐含了对未来商品价格的预期，隐含了通胀预期。可以从两个角度分析资产价格的含义：第一，通过分析资产价格的变动，能够得到市场对未来商品价格预期的变动，即通胀预期的变动，Alchian 和 Klein（1973）就从这个角度出发构建了跨期生活费用指数（ICLI），但中国的部分资产价格并不存在可靠的时间序列数据，因此难以从这个角度进行研究；第二，通过分析资产价格和商品价格的差异，能够得到未来商品价格和当期商品价格的差异，即资产价格隐含的通胀预期。

一直以来，对比实践中的直观感受，中国现有的消费者价格指数 CPI 体系并不能真实反映居民的购买力及消费状况，其中的住房消费价格存在被低估的可能。自有住房支出是否应反映在 CPI 中，是个争议已久的话题。一方面，购买住房是居民总支出的重要组成部分，房地产价格的变化直接影响居民的消费水平和生活质量，当然应该把这部分住房消费价格的变动体现在居民消费价格指数 CPI 中；另一方面，住房兼有耐用消费品和投资品的双重属性，如果将长期支出全部反映在当期，没有剔除作为投资的购房支出，也不对购房支出进行跨期分摊，会导致当期 CPI 的失真。所以我们既不能把房地产价格全拿来衡量居民消费价格水平，也不能把房地产价格全部当成资产价格而不考虑其对居民生活的影响。就是说面对房地产价格要清楚的界定其消费功能和投资功能。

当然准确反映生活费用支出对居民生活的影响，是编制 CPI 的根本目的。作为城市居民消费支出中占比重最大的居住类消费在 CPI 的构成中也只占14% 的权重，即使房租价格在居住类消费价格指数中也仅占 20% 的权重。试想，在目前居民实际消费中占比重最大、价格上涨最快的居住类消费居然不能够反映在 CPI 变化中，那么国内 CPI 的水平相对于高房地产价格而言，必然被低估。CPI 指标的构成缺陷，造成其不能充分反映房地产市场价格波动中包含的重要信息，将使宏观货币当局错失对市场物价水平调控的最佳时机，直接影响货币政策效果。

7.1.3 包含房地产价格在内的动态核心 CPI 的改进

由于中国长期以 CPI 为单一通货膨胀目标，没有将广义价格指标通货膨胀率纳入政策决策的信息集，形成通货膨胀目标错配问题，从而导致近年来广义价格指标通货膨胀率持续走高，而且其波动性呈现显著上升态势。

1998 年住房制度改革以后，房地产市场不仅逐渐成为经济发展的重要支柱，而且房地产价格逐渐主导了其他商品的价格走势。根据定义，CPI 无法完全捕捉和反映房地产价格的变动幅度和趋势，相反房地产价格最终要反映在GDP 平减指数通胀率指标上。因此，近年来的房地产价格明显上涨，造成GDP 平减指数通胀率与 CPI 通胀率出现明显的背离现象。

为了使 CPI 中能够充分反映自有住房消费价格水平的变化情况，以下内容应得到进一步关注。

（一）适时调整 CPI 中居住类权重

随着中国居民收入的提高和消费结构的升级，购房成为居民支出的重要部分。同时，随着住房地产价格格的上涨，居民的房地产价格收入比要远高于欧美发达国家，购房支出占收入的比重也处于上升态势。近年来，中国虽然对CPI 构成部分权重进行过调整但居住类权重依然偏低，在居住类中，自有住房又处于较低水平。因此，应根据居民住房实际支出的变化，适度提高居住类及居住类中自有住房的权重及其子项目。

（二）改进自有住房虚拟房租计算方法

中国自有住房消费以虚拟房租的形式体现，假想自己租用自己的住房而支付的房租，城镇居民自有住房虚拟房租的计算公式：城镇居民自有住房虚拟房租 =（年初城镇居民住房面积 + 年末城镇居民住房面积）/2 × 城镇及工矿区个人建房单位面积工程造价 × 4%（折旧率）。通过自有住房消费的计算公式可以看出，居民自有住房的虚拟房租除了由住房面积决定外，还有住房单位面积价格和折旧率两个重要因素。很显然这种住房工程造价和居民实际住房消费价格相去甚远，这种房租又无法由国家统计局计算出来，它只能用虚拟方式来计算。可以这么说我们现在的统计计算方法基本把居民购买住房当做投资，因此房地产价格无论如何上涨，都不会与居民消费价格指数有太大关系。随着房地产市场的发展，我们需要对自有住房处理时考虑其他方法，代之以市场价格计算，同时可考虑逐步向等价租金法过渡。

等价租金法通过调查实际租金价格来测算自有住房消费成本的变化情况。

等价租金法是假定房主把房子出租给自己消费收取租金，从机会成本的角度该租金等于房主居住自己的房子而不出租所放弃的收入。这种方法剔除了自有住房可能作为投资品的因素，测算自有住房作为耐用消费品所提供的服务流价值，较好地体现了 CPI 反映居民生活费用变动的宗旨。目前，美国劳工统计局（BLS）已采用等价租金法测算自有住房消费支出，并根据实际使用的情况，进行过四次调整。当然，等价租金法是一个复杂的过程，本着先易后难的原则，可先在住房租赁市场较发达的地区试点，取得经验后再推广。

（三）利用动态因子法作为建立纳入资产价格的通货膨胀测度的方法

动态因子指数构建法是由 Bryan 和 Cecchetti（1973）提出，主要用来解决如何将资产价格纳入通货膨胀测度中的相关问题。按照这一思路，我们可以把单一商品、服务和资产的价格的通货膨胀看成由共同部分和特质部分组成：

$$\pi_{it} = \pi_t + \chi_{it} \tag{7.1}$$

式中，i 表示一组商品，服务或资产，t 是时期，我们将一个通货膨胀指标视为所有个别通货膨胀测度的总加权。如果我们能确定一组权重，这一通货膨胀指标可表示为

$$P_t = \sum_i w_{it} \pi_{it} \tag{7.2}$$

其中，w 是权重并可以随时间发生变化，并且在任何给定时间总和为 1，即

$$\sum_i w_{it} = 1, \forall t \tag{7.3}$$

则价格指数可以表示为

$$P_t = \pi_t + \sum_i w_i \chi_{it} \tag{7.4}$$

Bryan 和 Cecchetti 将 π_t 称为动态因子指数（DFI），DFI 是消除了通货膨胀统计中的除外商品偏离来源价格[①]的共同趋势估计值。而 χ_{it} 则是个别商品的相对价格变动程度，π_t 和 χ_{it} 两者间没有自相关，χ_{it} 的期望为零，这样我们测算的价格指数 P_t 就等于共同通货膨胀趋势。但 χ_{it} 会影响 π_t 的测度，所以决定资产价格在测度通货膨胀时应计入的权重，应取决于其对测度通货膨胀共同价格增长趋势 π_t 所提供的信息含量，确定资产价格的权重便是一种"信号提取"的问题。

---

① Bryan 和 Cecchetti 认为在消费者追求跨期效用最大化下，如果未将未来消费商品的代变量——资产价格纳入，那么现有通货膨胀指标对通货膨胀的测度将产生除外商品偏离，即不能反映所有商品在内的真实通货膨胀水平。

在动态因子法的实践过程中，Bryan 和 Cecchetti 利用了两种方法来确定资产价格的权重。一种是通过计算共同成分与每一序列中的单位冲击的响应来提取，即利用统计方法来确定影响通货膨胀因素的权重；另一种是利用了 Wynne（2000）提出的方差加权价格指数法：其中，

$$w_i = \frac{\dfrac{1}{\sigma_i^2}}{\displaystyle\sum_{i=1}^{N} \dfrac{1}{\sigma_i^2}} \tag{7.5}$$

对所有价格序列，σ_i^2 是商品 i 的价格变动比例的方差。这种方差加权法的权重安排是判断特定序列重要性的一个很好的指示器，能在构建价格指数时，将商品价格变动中的相对价格变动提出，进而合成总体的价格指数。

根据动态因子法，方差加权的原理便是：如果某个价格经常性地发生剧烈波动，那么该单个价格就更多地受个别因素影响，其包含的一般趋势成分就越小，相对价格变动成分就越大，其在价格指数中的权重就越小。

7.2　均匀货币政策反应，提高政策的稳定性和可持续性

货币政策在坚持币值稳定和经济增长目标的同时，也要适当考虑资产价格的过度偏离。资产价格的过度偏离包含了未能被通胀和经济增长所捕捉的信息，并且随着金融市场的发展和居民财富的积累，居民的资产配置也越来越多元化，资产价格的大幅变动对金融稳定和实体经济的影响也越来越大，因而，有必要适当考虑资产价格的过度波动所隐含的信息以及可能给经济带来的影响，并采取防御性的货币政策，力求在泡沫形成的初步阶段就采取行动。

延长货币政策目标的覆盖期限至整个经济周期，并考虑货币政策在全经济周期中的均匀性。即便是目前在西方发达国家占主流的通胀目标制，政策考虑的期限一般也仅为 1～2 年时间。这显然大大短于金融周期，容易导致短视的货币政策，可能加剧经济波动，引发金融失衡。货币政策在全经济周期的均匀性是指货币政策要以整个周期为考虑对象，采取相对和缓的政策措施，即经济高涨时的政策要同时考虑可能在经济低谷时对经济的影响；反之则相反。这样，货币政策在整个周期内的调整幅度就相对和缓。

现行的货币政策框架需要调整，以抑制资产价格泡沫的形成。首先改进货币政策分析模型，加强中央银行对金融失衡和金融风险的监测和分析，将金融

部门因素纳入模型。其次，货币政策和金融周期之间存在相互依赖的关系，货币政策可以延长其考虑期限，对金融周期作出更均匀的（symmetrical）反应，有助于稳定通胀预期。

7.2.1　灵活运用数量型工具，从源头上控制货币数量的增长

自 20 世纪 90 年代中期以来，货币供应量一直是中国人民银行货币政策的重要中介目标，同时也与中国宏观经济周期的波动密切相关。在央行公开市场操作、存款准备金率、逆周期宏观审慎管理等多项货币政策工具的综合作用下，货币供应量增速呈总体高位运行态势。截至 2012 年末，广义货币供应量 M_2 余额为 97.4 万亿元，同比增长 13.8%；狭义货币供应量 M_1 余额为 30.9 万亿元，同比增长 6.5%。流通中货币 M_0 余额为 5.5 万亿元，同比增长 7.7%；基础货币余额达到了 25.2 万亿元，同比增长 12.3%。

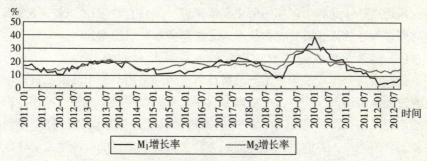

资料来源：根据中国人民银行网站数据整理。

图 7-1　中国两个层次货币供应增长率的变化率

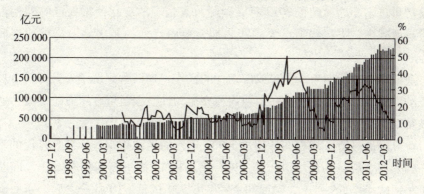

资料来源：根据中国人民银行网站数据整理。

图 7-2　中国基础货币余额及增长率的变化

正是泡沫经济增长成分的存在及其所占比重的不断增长，最终导致了作为宏观经济重要调控手段的货币供给进一步对全球经济实际增长影响的非对称性。由于现实的经济增长更依赖的是一些基本要素禀赋条件，如劳动力、资本、技术创新和制度等，这些基本要素供给约束的存在，使得在宽松金融市场和金融政策环境下，货币供给对经济增长的实质性促进作用总是存在一个发挥的最高限度，或者说门槛。在此限度内，货币供给的影响作用基本是正向显著的；而超过了这样一个门槛后，进一步扩张性的货币供给对经济增长的实质性影响作用将是边际递减的。特别是，当货币供给在一定时期内导致了人们对实体经济和虚拟经济体各类价格水平预期突然转向的时候，原先的扩张性货币供给由于"摆脱"经济增长基本要素相对供给的约束，从而对经济增长的负面冲击作用会表现得更加突出。可见，正是后面这一影响特点的存在，构成了非对称性作用出现的主要原因。而基于此所表现出来的非对称性特点，无论从全球视角还是具体到各个国家的历史发展来看，都具有普遍性。这一特点决定了应对资产型通货膨胀需要我们从源头上控制货币数量的增长。

（一）逐步提升公开市场操作的权威性和影响力

公开市场操作是最为灵活、最常被货币当局采用的货币政策工具。中央银行通过公开市场操作，不仅可以调节货币总量；也可以实施逆向操作，调节利率的期限结构。2003年以来，央行票据曾经长期占据中国央行公开市场操作主要工具的地位。在宏观调控中使用央行票据的主要目的是冲销流动性或者对货币政策取向进行微调。2010年第三季度，央行票据发行量开始减少；2011年，为了减轻提高法定存款准备金比率对银行体系流动冲击的影响，央行票据的发行量急剧萎缩。到了2012年，国际收支情况的变化使得央行的外汇占款数量有所减少，央行票据已无用武之地，取而代之的是多年未倚重的逆回购操作。

逆回购为央行向市场上投放流动性的操作，逆回购到期则为央行从市场收回流动性的操作。作为一种在短期内补充流动性、缓解资金压力的工具，逆回购被货币当局用于灵活、精准地调节每一周的资金供求关系。2012年1月，央行曾分两次进行了规模共计超过3 000亿元的逆回购操作，在5月份的一轮逆回购操作之后，从6月到9月，央行又连续14周进行逆回购操作，同时暂停了正回购操作，9月末，逆回购余额为6 500亿元。10月份之后，逆回购操作仍在继续。截至10月12日，逆回购操作规模累计达到2.74万亿元，向市场释放了充足的流动性。在经济增长率持续下降、市场流动性短缺、房地产市场反弹压力较大的形势下，选择逆回购这样的微调手段，一方面能够为市场注入流动性，保障"稳增长"目标的实现；另一方面也可以避免使用调节法定存款准备金率等力度较大的政策带来的货币超发、通胀压力加大、房地产价格上升等潜在问题。除了频繁使用逆回购操作之外，央行还适度增强了公开市场操作利率的弹性，各期限品种操作利率与年初相比均出现了不同程度的回落，有助于加强对市场预期的引导和发挥市场利率调节资金供求的作用。

当前，公开市场操作的重点在于积极培育债券市场，尤其是国债市场的发展，为这一工具的使用提供更多的券种、期限的选择，同时也进一步提升其在金融市场中的导向作用。

（二）逐步减弱法定存款准备金比率工具的使用频率

调整法定存款准备金比率是 2006 年之后中国人民银行用于对冲外汇占款带来的流动性的主要工具，央行票据退居次席。因为仅仅对冲流动性并不能完全适应宏观调控的需要，在许多时候必须动用调整法定存款准备金比率这类强有力的工具来冻结或保障流动性。2011 年，面对通货膨胀率不断攀升的局面，央行曾 6 次提高法定存款准备金比率；到了 2011 年末，欧债危机持续恶化，国内经济增长出现乏力迹象，央行又于第四季度下调了法定存款准备金比率。在 2011 年底，中国的法定存款准备金比率达到了 21% 这一史无前例的高位。

过高的法定存款准备金比率固然可以直接限制商业银行的放贷能力，从而遏制了信贷膨胀和物价上涨；然而，其代价则是货币市场利率高企、金融体系流动性紧张，这一代价在经济增速持续下滑、通胀压力减弱、外汇占款急速降低的 2012 年初显得过于高昂了。

此外，中央银行需要继续强化完善差别准备金动态调整机制，发挥其逆周期调节功能。差别准备金动态调整机制将信贷投放与宏观审慎要求要求的资本水平相联系，并考虑金融机构的系统重要性和稳健性状况，以及经济周期的景气状况，有利于引导和激励金融机构稳健地、逆周期地调节信贷。在 2011 年引入差别准备金动态调整机制之后，2012 年，央行又针对部分经济指标有所回调的状况，适时调节差别准备金动态调整机制的有关参数，以支持金融机构加大对小微企业、"三农"等薄弱环节和国家重点在建续建项目的信贷投放，并根据实际需求灵活调整贷款投放进度。目前的存在问题是过于频繁的调整会导致预期的混乱，同时也会造成差别化市场待遇进而影响到效率的提升。

（三）注重不同层次货币在货币供给结构中的比例调整

如前所述，货币供应量中执行交易职能的狭义货币和执行资产职能的准货币会分别对一般物价和资产价格产生显著影响，因此货币政策的制定不仅要从总量，也要从结构方面作出相应的反应，并将货币资产化比率（M_1 与准货币的比率）作为货币政策的监测目标，加以灵活调整。当资产价格上涨的幅度远超一般物价水平时，需及时下调货币的资产化比率，防范资产价格进一步上涨带来的泡沫隐患；当资产价格上涨引发一般物价水平上涨趋势明显时，则提高货币的资产化比率，让资本市场吸纳更多货币，减轻一般物价上升带来的通货膨胀压力，避免产生关系到国计民生的负面影响。

7.2.2　高效运用价格型工具，持续改进货币政策规则

　　价格型工具，主要是利率政策，作为一种宏观调控手段，利率政策的功能就在于逆风向行事、拾遗补缺、熨平经济波动。总体来看，随着利率市场化的推进，整体利率的总体水平呈下降趋势，如图7－3。

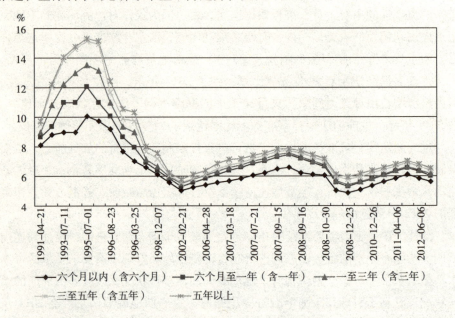

资料来源：根据中国人民银行网站数据整理。

图7－3　中国贷款基准利率的变动

　　利率政策的实施典型的就是泰勒规则，但由于传统的利率规则没有考虑资产价格变量，无法及时对资产价格波动作出反应，因此不能体现货币政策在全经济周期中的均匀性，不利于稳定通胀预期。为了改进传统货币政策规则的弊端，本研究提出考虑了房地产价格波动及由此带来的流动性约束等因素的最优利率规则。

　　由于财富效应的存在，房地产价格的波动会影响受流动性约束者的消费，

利率政策应该对房地产价格变动作出反应。而最优利率规则中对于房地产价格变化的最优政策权重会受到流动性约束大小的影响，受约束者的比例可以给予政策制定者额外的信息去把握应对房地产价格的最优利率政策的力度。因此最优利率反应主要依赖于当房地产价格、预期通货膨胀、产出缺口和利率发生改变时，受约束者的比例变化的敏感度，尤其当流动性约束的作用机制有一个渐进的过程时，利率规则对房地产价格的调控效果也需要一个量变到质变的积累。

（一）带有流动性约束的 IS 曲线：基于微观主体行为

考虑在一个标准的新凯恩斯框架内，评估应对时变性流动性约束的货币政策效应，所以分析的起点和基本模型便是消费的生命周期模型。

在新凯恩斯模型中的 IS 曲线通常是通过一个标准的效用方程最大化家庭效用而得到的，使用的是二次效用函数。模型中包括三种类型的人：年轻人、中年人和老年人，在每一期所有类型的人都共存且都拥有自己的住房。假设所有人一生中都面临相同的"驼峰形"的收入特征（Carroll, 1997; Gourinchas and Parker, 2002; Campbell and Cocco, 2007），当不受流动性约束时年轻人的消费为

$$c_{1t} = \omega_1 E_t c_{2t+1} - \omega_2(r_t - E_t \pi_{t+1}) \tag{7.6}$$

式中，C_{jt} 表示代理人 j 在时期 t 的消费；$j = \{1,2,3\}$ 分别表示年轻人、中年人和老年人。r_t 是 t 时期的名义利率；π_{t+1} 是从 t 到 $t+1$ 时期的通货膨胀率；ω_1、ω_2 是正的线性化的常数。

如果考虑流动性约束，假设只有年轻人才受约束，因为通常贷款人拒绝贷款申请的理由是因为借款人没有信用记录或者未来的收入没有保障或者借款人年龄不够，所以 c_{1t}^c 表示受到流动性约束的年轻人的消费，他们只能消费其现时收入和流动性资产，用下式表示：

$$c_{1t}^c = \sigma_1 y_{1t} + \sigma_2 A_t \tag{7.7}$$

式中，y_{1t} 表示年轻人在 t 时期的收入；A_t 代表 t 时期的流动性资产；σ_1、σ_2 是正的线性化的常数。假设流动性资产由房屋抵押贷款及其他金融资产（股票、债券、保单等）质押贷款构成，而房屋抵押贷款由房地产价格 h_t 的变化决定，所以，$A_t = (\alpha + \beta) h_t$，这里 α 用以衡量房地产价格上涨被兑现的程度，β 表示金融资产价格上涨被兑现占房屋被兑现的比重。

在模型中，用 c_{1t}^u 表示由效用最优导出的年轻人的消费及消费平滑，如果 c_{1t}^u 大于现时的收入 y_{1t} 和流动性资产 A_t，那么他们就受到了流动性约束。假设在临界点上年轻人刚好不受流动性约束，因为他的流动性资产正好支付其期望

的最优消费，用 y_{1t}^c 表示临界点的收入，则

$$c_{1t}^u = \sigma_1 y_{1t}^c + \sigma_2(\alpha + \beta)h_t \tag{7.8}$$

将上式整理一下代入到下式：

$$y_{1t}^c = \frac{\omega_1}{\sigma_1}E_t c_{2t+1} - \frac{\omega_2}{\sigma_1}(r_t - E_t\pi_{t+1}) - \frac{\sigma_2(\alpha + \beta)}{\sigma_1}h_t \tag{7.9}$$

用 γ_t 表示受流动性约束的人的比例，该比例就是收入水平低于临界点的年轻人的比例：

$$\gamma_t = \int_0^{y_{1t}^c} f(y_{1t}^k)dy_{1t}^k = F\left(\frac{\omega_1}{\sigma_1}E_t c_{2t+1} - \frac{\omega_2}{\sigma_1}(r_t - E_t\pi_{t+1}) - \frac{\sigma_2(\alpha + \beta)}{\sigma_1}h_t\right) \tag{7.10}$$

于是，总消费是包括了年轻人、中年人和老年人在内的加权消费的总量：

$$\begin{aligned} c_t &= \left(\frac{\sum \sigma_{1i}y_i}{\sum y_i}\right)y_t + \left(\frac{\sum \sigma_{2i}A_i}{\sum A_i}\right)A_t \\ &= (1 - \gamma_t)\left[\omega_1 E_t c_{2t+1} - \omega_2(r_t - E_t\pi_{t+1})\right] \\ &\quad + \gamma_t\left[\sigma_1 y_{1t} + \sigma_2(\alpha + \beta)h_t\right] + c_{2t} + c_{3t} \end{aligned} \tag{7.11}$$

当均衡时满足 $c_t = y_t$，假设每个人在总收入中占有固定的比例 m_j，如：年轻人的收入 $y_{1t} = m_1 y_t$，每个人的消费占总收入中的一个固定比例 n_j。上述假设得出了下面这个改进的 IS 曲线：

$$\begin{aligned} y_t &= (1 - \gamma_t)\left[\omega_1 n_2 E_t y_{t+1} - \omega_2(r_t - E_t\pi_{t+1})\right] + \gamma_t\left[\sigma_1 m_1 y_t + \sigma_2(\alpha + \beta)h_t\right] \\ &\quad + \omega_3 n_3 E_t y_{t+1} - \omega_4(r_t - E_t\pi_{t+1}) \\ &\quad + \omega_5 n_2 E_t y_{t+1} - \omega_6(r_t - E_t\pi_{t+1}) \end{aligned} \tag{7.12}$$

第一、二、三行分别表示年轻人、中年人、老年人的消费，从中看出改进的 IS 曲线是随预期的未来产出缺口而递增，随真实的利率水平而递减的。此外，受约束的年轻人利用房屋抵押贷款带来的房产的财富效应也很明显。于是总消费和总收入取决于一个重要的因素：受约束者的比例 γ_t，将它表示如下：

$$\gamma_t = F\left(\frac{\omega_1 n_2}{\sigma_1}E_t y_{t+1} - \frac{\omega_2}{\sigma_1}(r - E_t\pi_{t+1}) - \frac{\sigma_2(\alpha + \beta)}{\sigma_1}h_t\right) \tag{7.13}$$

这一比例取决于三个因素：预期的未来收入、真实利率水平和房地产价格水平。即：受约束者的比例与未来收入同向变化，当预期未来收入增加，最优的期望消费也增加，更多的人受同样的约束；其次，受约束者的比例与真实利率反向变化，当名义利率下调或者预期通货膨胀率上升，即真实利率下降，最优期望消费增加使得更多的人受到流动性约束；最后，受约束者的比例会伴随

房价提高而下降，这主要是由于高房价使其房屋抵押价值提高，融资更多从而消费也更多。

（二）应对房地产价格上涨的最优利率规则：基于宏观政策行为

金融自由化的短期效应是值得关注的，尤其是货币政策在引入房屋抵押贷款之类的金融创新背景下如何应对房地产价格变动，这是否会引发经济体中受流动性约束者的比例发生改变。以下将结合标准的新凯恩斯框架（见 Walsh，2003）来分析最优货币政策。除了公式（7.12）中改进的 IS 曲线之外，我们参照 Kajuth（2010）的方法假设了一个前瞻性的菲利普斯曲线：

$$\pi_t = aE_t\pi_{t+1} + qy_t + \mu_t \qquad (7.14)$$

这里，π_t 是从 $t-1$ 期到 t 期的通货膨胀，是贴现因子，E_t 是 t 期的预期，q 是产出缺口对通货膨胀的影响，μ_t 是成本推进的冲击。最后，中央银行的损失方程可以定义如下：

$$L_t = \frac{1}{2}E_t\sum_{i=0}^{\infty}a^i(\pi_{t+i}^2 + \rho y_{t+i}^2) \qquad (7.15)$$

式中 ρ 代表中央银行赋予产出缺口对目标值偏差的权重。因为本节的重点在于分析房地产价格与随时间而变的流动性约束的关系，我们为简化起见推导出相机抉择的最优货币政策。在相机抉择的政策下为了消除通货膨胀偏差，我们假设目标的产出缺口为零。货币政策制定者在菲利普斯曲线的约束下，用拉格朗日函数 Λ_t 最小化每期的损失方程 L_t：

$$\Lambda_t = \frac{1}{2}E_t\sum_{i=0}^{\infty}a^i(\pi_{t+i}^2 + \rho y_{t+i}^2) + \lambda_t(\pi_t - aE_t\pi_{t+1} - qy_t - \mu_t) \qquad (7.16)$$

式中，各字母含义同公式（7.14）和公式（7.15）。在此基础上推导出最优货币政策的一阶条件如下：

$$\pi_t = -\frac{\rho}{q}y_t \qquad (7.17)$$

最优条件表明：高通货膨胀的边际成本应等于高产出缺口的边际收益。中央银行考虑了其偏好和菲利普斯曲线然后在通货膨胀与产出缺口之间进行权衡抉择。运用公式（7.17）中的最优条件、公式（7.14）表示的菲利普斯曲线和公式（7.12）的 IS 曲线的一阶自回归过程，最后得到最优利率规则，这个利率规则是预期通货膨胀率、产出缺口和房地产价格的函数：

$$r_t = f_\pi E_t\pi_{t+1} + f_y y_t + f_h h_t \qquad (7.18)$$

$$f_\pi = 1 + \frac{(1-\gamma_t\sigma_1 m_1)q}{\theta\rho(\omega_6 + \omega_4 + \omega_2(1-\gamma_t))} > 1$$

$$f_y = \frac{((1 - \gamma_t)\omega_1 n_2 + \omega_3 n_3 + \omega_5 n_2)\theta}{\omega_6 + \omega_4 + \omega_2(1 - \gamma_t)} > 0$$

$$f_h = \frac{(\alpha + \beta)\sigma_2 \gamma_t}{\omega_6 + \omega_4 + \omega_2(1 - \gamma_t)} > 0$$

式中，f_π、f_y、f_h分别表示利率规则中赋予预期通胀、产出缺口和房地产价格的权重。σ_i和ω_i是正的线性化的常数；α表示房地产价格上涨被兑现的程度；β表示金融资产价格上涨被兑现占房屋被兑现的比重；γ_t则是受流动性约束者的比例。

由此得到预期通货膨胀的系数是正的且大于1，产出缺口和房地产价格的系数也是正的。因此，当流动性约束γ_t随时间而变时，由于γ_t与房地产价格负相关，利率规则中房地产价格的最优权重将随房地产价格上涨而下调，这是因为房地产价格上涨降低了受约束者的比例，由于消费者可以以房屋作抵押贷款来消费，这些人不会对房地产价格变动作出反应，这样就增加了消费和产出，于是由房地产价格的财富效应带来的产出缺口扩大的压力就要求利率规则有不同的反应。此外，房地产价格的最优权重还将随预期通胀而提高，随产出缺口扩大而提高，同时随利率上调而下降。因为产出缺口扩大增加了受约束者的比例，利率上调则减小了受约束者的比例，于是要求利率规则中房地产价格的最优权重随之调整。

7.3　理顺功能性改革，加强宏观审慎监管与逆周期调控

金融机构经营行为与货币政策工具在微观层面上的广泛联系使得大部分国家在相当长的时期内都将货币职能和金融监管职能统一于中央银行。而且关于中央银行的独立性在理论上已经成为共识，并在实践中得到了广泛应用。但是无论是在理论上还是在实践中，确立并维护中央银行独立性的唯一目的是为了保持经济增长，这导致了中央银行的独立性仅限于货币政策的独立性。频繁爆发的金融危机使金融监管的独立性问题开始受到关注，更多的人认为金融监管机构的独立与中央银行的独立同等重要。可以说，中央银行的独立性决定了货币稳定，监管机构的独立性决定了金融部门稳定，两者共同决定了整体金融稳定（Lastra，1996；Quintyn & Taylor，2004）。这使得中央银行的功能性改革变得日益重要。

7.3.1　功能性改革：平衡金融稳定与经济增长之间的关系

20世纪90年代后，监管独立的趋势开始变得非常明显。随着金融创新和信息技术的快速发展，交易费用和契约转换成本大大降低，银行与非银行金融机构、存款业务与投资业务之间的界限日渐模糊。鉴于此，大部分国家成立了单独的金融监管机构，一些发达国家还成立了统一的监管机构，将金融监管职能从中央银行剥离，实现了监管独立。但这种剥离仅是微观审慎监管职能的剥离，宏观金融稳定的职责并未相应转移到金融监管机构上，无论是中央银行还是金融监管机构都未被明确地赋予管理系统性风险的职责。对系统性风险进行监督、维护宏观金融稳定的职责伴随着最后贷款人功能被默认为是中央银行事实上的职能，与经济增长一道成为中央银行的双重目标。

在实践中，尽管中央银行被默认为承担着管理系统性风险、维护金融稳定的职责，但由于过去几十年间西方发达国家并未出现严重的金融动荡，中央银行的这一职责反而被忽视，仅注重于经济增长目标的实现。而这种单一通货膨胀目标制的货币政策则是以不断加剧的金融失衡为代价的（Kent & Lowe，1997；Borio & White，2004；Filardo，2004）。与此同时，中央银行也缺乏管理系统性风险的工具，特别是监管独立后，中央银行仅剩调节货币供应量的政策工具。根据丁伯根法则，仅用一种政策工具想要同时实现经济增长和宏观金融稳定两个目标，从理论上是不可能的。

值得指出的是，金融不稳定的根本原因在于金融体系本身的脆弱性，并非是货币政策。当金融系统性风险累积到一定程度，一些外生因素如货币政策的变化有可能会成为导火索，引发金融危机。综上所述，由于经济增长与宏观金融稳定目标之间的不一致性，以及货币政策工具与金融稳定之间的潜在矛盾，中央银行需要进行功能性改革。而中央银行功能性改革的立脚点应放在加强宏观审慎监管上。

宏观审慎监管在此意为"Macroprudential"。该词并非一个传统的英文单词，是由"Macro‐prudential"演化而来的，与"Microprudential"相对应。从字面上理解，该词意指"宏观的审慎的"。危机后，西方普遍采用"Macroprudential"一词来表达（BIS，G20）。国内常见的翻译表述包括"宏观审慎性"、"宏观审慎管理"、"宏观审慎政策"、"宏观审慎监管"等，实质上都是围绕这一核心内容在不同场景的表述：相对于关注单个金融机构稳定的微观审慎，宏观审慎则关注整个金融体系的稳定。宏观金融审慎框架就是将金融体系视为一个整体，关注金融体系与宏观经济之间的紧密关系，强调宏观金融审慎框架给货币政策提供良好的政策环境，以抵消金融体系的过度顺周期性。

7.3.2　货币政策应纳入宏观审慎监管的内涵

货币政策一直以来奉行四目标理论：物价稳定、充分就业、经济增长和国际收支平衡，对于风险的形成过程并不十分关注，多半使用"事后清算"的方式来处理。以 2008 年次贷危机为例，由资产价格泡沫引发的金融不平衡的累积最终引起了经济的不平衡。从过去的微观审慎监管逐步转变到微观审慎监管和宏观审慎监管相结合的框架，正受到越来越多人的关注。货币当局应该建立逆周期的干预制度，对有可能引发系统性风险的房地产、商业银行和其他影子银行体系进行系统化的监管，保证这些机构的资本充足率和维持适度的杠杆率，建立和健全信用评级体系和制度，实现物价稳定和资产价格稳定的平衡。

传统以微观审慎为主导的金融监管理论存在着很大的漏洞。整个金融系统的风险并不能认为是个体风险的简单加总。合成谬误理论（fallacy of composition）认为，微观上而言是对的东西，在宏观上并不总是对的；反之，在宏观上是对的东西，在微观上可能是十分错误的。运用到金融监管理论中，即某些从微观层面看对单个机构是合理的行为，如果成为金融机构的一致行动，从宏观层面看可能会影响到整个金融体系的稳定。举个简单的例子，抛售资产获取流动性对问题机构来说是一项合理的行为，而该行为会导致资产价格的下跌，在未来预期不明朗的情况下，其他机构基于自身安全考虑会作出出售同类资产的合理决定，短期内的大量抛售会使资产的价格急剧下滑，市场流动性出现短缺。而且一致行动会导致缺乏交易对手，交易无法顺利完成，大量持有该资产的金融机构的资产负债表会迅速恶化。因此，从微观层面看似合理的行为，从宏观层面反而会激发系统性风险，产生危机。

货币政策对资产价格波动的干预，将通过资产市场传递到商品市场，从而实现逆周期调控的最终目标。中国的货币政策应该适度地对资产价格作出反应，目前的政策空间依然巨大。货币政策干预的关键在于厘清资产市场是否出现非理性繁荣，以及资产市场的非理性繁荣由何种因素引起。因此，货币政策应纳入宏观审慎监管的内涵，应从两个维度来加以调控：一是时间维度方面，建立金融体系的自动稳定器，具体包括逆周期的缓冲资本机制、动态拨备制度、在会计准则、杠杆率和薪酬制度等制度安排中植入逆周期因素，缓解系统性风险；二是横截面维度方面，要进行差别化监管，针对那些"太大而不能倒"的大型金融机构实行最低资本要求和建立较高的资本缓冲器。

7.3.3　宏观审慎监管应加强对房地产价格逆周期的调控

中国的货币政策对流动性的关注度较高，但是对房地产价格等资产价格关注不够，宏观审慎监管更应该逐步加强对房地产价格的调控。第一，从现有的国内外研究看，无论采取何种计量方法来估算住房市场和股票市场对国民经济的贡献度，无疑住房地产价格相对于股票价格来说更具有影响力。第二，住房市场既属于商品市场，也是资产市场的范畴，而股票市场则专属于资产市场，住房市场是联结商品市场和资产市场的纽带，是联结实体经济平衡和金融平衡的纽带。第三，住房市场和股票市场对于货币政策调控的反应存在差异。Katrin（2008）的实证分析表明，货币政策冲击会引起股票价格立即的下降并恢复到它以前的水平，而居民住房资产价格则要经过一段时间才能发生反应。这种时间上的差异，意味着货币政策对住房市场调控干预要做到预防性的调控，而对股票市场的调控则不需要前瞻性过强的货币政策。第四，IMF在2009年世界经济展望（WEO）中指出，住房地产价格格萧条的持续时间较长（大约2年半），而且对应着更大的GDP损失（全样本期为 -4.27%）；股价萎缩的持续时间大致为1年半，对GDP造成的损失相对较小（全样本期为 -1.31%）。这种经验事实说明货币政策应该首先做好房地产价格的调控。

7.4　推进房地产价格软着陆，防控经济陷入滞胀泥潭

房地产价格的快速上涨是长期货币超量累积的过程，自2003年以来，中国经济就进入了历史上超宽松货币的时期。超量的货币大量涌向资本品，土地和房地产价格近年来急剧上涨，又通过相应的传递渠道向物价的各个领域扩散城镇的生活成本、商务成本上升，劳动者的实际生活支付能力下降，倒逼着推动工资上涨。相应地，务工成本上涨意味着务农的机会成本上涨，农产品价格必然趋势性地上涨，反过来工业的利润变得越来越低，更多资金从实体领域出走，推动着资本品价格以更快的速度上涨，形成一个自我强化的循环。如果不能有效地实现房地产价格的软着陆，居民的消费需求将无法得到释放，房地产将继续绑架中国经济，延续高能耗、高污染的不可持续的经济增长方式，无法完成国民经济的转型和升级，使得中国长期陷于"滞胀"的怪圈。

7.4.1 房地产价格持续高涨会将中国经济拖入"滞胀"泥潭

20 世纪 70 年代，西方主要工业化国家出现了经济停滞、大量失业和严重通胀并存的现象，被称做滞胀。关于滞胀的成因，一直以来多有争论。一般认为，1973 年和 1978 年两次严重的石油危机导致油价飙升形成总供给冲击，滞胀的成因可以从经济基本面与宏观政策面两个角度进行概括。

不可否认，两次石油危机引起的油价攀升，以及由此所带来的负向总供给冲击是形成滞胀的导火索。能源价格上涨和与之相伴随的食品价格上涨，直接引发了高通胀（美国 1974 年、1979 年和 1980 年的通胀率均超过 10%）。一个重要的事实是，在供给冲击发生之前，美国的趋势通胀率已经先行上升了一段时间。数据显示，1965—1970 年，美国的通胀率已经明显提高。此外，扩张性的货币政策和扩张性财政政策（如越战时期实施的扩张性财政政策就是导致 20 世纪 60 年代末美国产生过度需求的重要因素），也导致总需求的扩大。

从宏观政策面来看，引起滞胀的因素则主要有不当的货币政策以及价格管制。货币波动与通胀预期是产生滞胀的重要原因。正如 Barsky 和 Kilian（2002）指出，正是美国以及其他国家的扩张性货币政策，才导致了 20 世纪 70 年代和 80 年代总体通胀水平提高和全球大宗商品价格的上涨。透明的中央银行和稳定的货币体制将杜绝滞胀的发生，相反，不甚明确的货币体制变革会延长经济主体的学习和适应过程，这会导致产出和通胀出现较大波动，从而提高滞胀出现的概率。同时，价格管制恶化了供给，导致供求矛盾进一步加剧。面对油价上涨的态势，尼克松总统于 1971 年 8 月宣布实行为期 3 个月的工资物价管制。但结果是灾难性的：市场上见不到牛肉的踪影，食品货架上空空如也，人们排队等着加油。美国人第一次在和平时期遇到了短缺。1974 年价格管制取消，导致了物价的"报复性"反弹。价格管制会加剧短缺：短期会造成囤积居奇，中长期会导致供给减少，这二者都会加剧短缺。更重要的是，由于价格管制，使得价格信号不能正确地反映市场供求，从而导致资源的误配置，造成供给面的效率损失，进而削弱供给面的活力。这种损害将是更为长远的。

显而易见，诸如此类的问题也正在中国发生，如果不能采取及时和有效的措施，中国经济也将会面临陷入"滞胀"的泥潭。随着工业化与城镇化的快速推进，各类要素成本出现上升趋势，是一个自然的历史过程。中国经济曾出于赶超的目的，一定程度上压低了要素价格，以使中国获得了较长时间的低成本竞争优势。但随着转变发展方式的要求，应逐步纠正原来的价格扭曲，推动要素价格领域的改革。这会使得一系列要素包括劳动力、土地、资金、资源能源等价格趋于上升，中长期通胀的压力十分显著。比如，随着劳动年龄人口增幅的逐步下降与劳动力供应的结构性短缺，劳动力价格将逐步刚性攀升；城镇化的推进导致土地更加稀缺，推动土地价格上涨；人口老龄化来临使得中国的储蓄供应逐步减少，这会推动资金成本上升；中国的快速发展加剧了资源能源供应的紧张，原先压低的资源能源价格将会逐步走高。同时，中国的比较优势有被削弱的担忧，独具特色与优势的竞争力在逐渐减少和丧失。如中国曾是世界工厂，正逐渐被其他新兴市场国家所替代，墨西哥、印度、巴西乃至越南等很多新兴市场国家，无论规模或速度甚至包括品质都在提升。尤其是我们的贸易优势与特征被淡化，甚至被退化。由于房地产价格的快速上升，家庭消费中住房消费的比例过大挤占了其他消费，同时为保障经济的稳定增长和广大农村人口的就业，国家的大规模基建投资更是挤占了民间投资和正常投资，使得市场经济正常的效率受到一定干扰，这些都不同程度地影响到经济的增长。如果中国经济不能实现转型升级，单纯依靠房地产市场的发展，将陷入房地产价格高涨和"滞胀"的危险境地。

7.4.2　依托市场机制逐步化解住房需求压力，实现房地产价格的软着陆

（一）中国经济的转型升级目前还离不开房地产市场的发展

城镇化和工业化的发展趋势下，大量农村人口要转为城市居民，房地产价格上涨的态势就不会改变，同时这也是中国经济健康发展的结果（表现）之一。但如果一个国家把主要的资源投入一个以金融投资目的为主的房地产市场（以它作为发展的动力），满足暂时在经济基本面较好阶段所表现出来的对GDP增长有积极贡献的"利好表现"，那就等于完全是在利用"兴奋剂"来跑"短跑"，而实际上经济增长更是一场"马拉松"。如果赛跑的参与者中，不仅涉及越来越多的大众、开发商、游资，还包括本不应该加盟的地方政府、非金融企业和支撑中国经济命脉的银行业，那么支撑中国经济发展的健康活力的"可持续性"就会大打折扣。最后，因为甚至不敢接受它们所认为的"恶果"出现，只好现在想方设法维持原状；因为在他们眼中，中国经济已经到了大部分资源都集中到了房地产及其相关产业的地步，所以真的出现了没有房地产市场繁荣，经济就会带来硬着陆的结局。于是，目前所有的调控，可能就是在寻求市场的"让步"和"理解"。显然，这丝毫不是"释放风险"的做法。而是更加让市场感到唯有这个投资渠道才是中国创造个人财富的最好平台，于是乎也就形成了这一局面：政府越调，房地产价格越涨。面对经济转型的压力，诚

然甩开房地产市场这一引擎，就目前而言也是不现实的，因此唯有在实现软着陆的过程中逐步改善国民的居住条件，以时间换空间，给经济体足够的转型余地。

（二）房地产价格快速上涨的抑制最终还得依靠市场机制

当前由房地产价格而形成的通胀压力不应过度压制，否则将使要素价格发生扭曲，难以发挥价格信号引导资源配置的作用，达不到结构调整的预期效果。因此，要从根本上抑制物价和房地产价格的过快上涨，需要正确处理好抑通胀与保增长、调结构的关系，对于有效体现资源稀缺程度的要素成本上升只能因势利导，充分依靠和发挥市场竞争机制作用，对企业的产品、市场、管理等创新形成"倒逼机制"。唯有如此，才能通过提高经济效率来改善供给，逐步化解成本上升的压力。而且从中长期看，让企业面临真实的成本压力，恰恰会抑制过度的投资需求，在一定程度上避免外延扩张，有助于从根本上缓解通胀压力。

因此，在抑制通胀压力时，要处理好市场与政府的关系，促进市场机制与政府调控的有机结合，以保持经济增长的持久活力。

7.4.3 实现房地产价格的软着陆需要从结构调整视角实现货币政策与财税政策的组合

房地产价格的快速上涨成为当前中国通货膨胀的主要推手，因此控制房地产价格成为控制通货膨胀的一个重要条件。货币政策方面，加快利率改革是关键环节。利率市场化，有利于促进商业银行转型，有利于金融创新，有利于促进各种金融工具的发展，有利于将更多金融活动纳入监管调控体系，更好发挥金融在宏观调控、资源配置和风险防范中的作用。通过加快转变发展方式，加快经济结构调整步伐，追求适度的经济增长，可以一定程度上抑制过旺的资金需求。对于结构调整而言，比总量的货币政策更重要的是信贷政策。中央银行和银行监管机构可以通过控制信贷、提高首付比率等货币政策手段控制需求，减轻房地产价格上升压力。还可以调整货币政策工具，更多地采用选择性政策工具，如流动性比率、不动产信用控制、保证金比率控制的，加强间接信用指导等。

与此同时，政府部门应灵活使用财政税收政策将房地产作为民生的重要方面，增加经济适用房、廉租房、公租房等供给数量，同时尽快改变各级地方政府土地财政的现状，避免土地价格推动房地产价格的上涨。因为仅仅实施需求管理是不够的，还要加大供给。一方面，要稳住粮价及相关食品价格；另一方

面，面对国内企业利润水平的下滑，要有意识地减轻企业负担，防止多重因素
交叠（这包括劳动力成本提高、资源能源价格上涨、人民币升值、信贷紧缩
以及税负较重等）导致微观企业活力减弱和劳动生产率的下滑。在这方面，
应借鉴供应学派提出的结构性减税、放松管制以刺激微观主体的活力的政策建
议。无论从对经济增长影响的实证研究还是从各国数据的描述性对比，中国目
前宏观税负水平整体并不高。但如果考虑他国的社会保障程度等因素，减税的
空间依然很大。为此，积极的财政政策应成为重要的着力点。通过在民生方面
扩张供给；通过减税和减费（特别是减少企业上交的社保费用），推动私人部
门和民营经济发展，扩大就业；通过对中低收入者发放生活补贴，来增强其对
通胀的承受能力。这些都是非常正确的方向。

7.5　加强国际合作，共同应对资产价格泡沫

从 1630 年荷兰的"郁金香泡沫"到 2008 年爆发的国际金融危机，经济泡
沫化现象贯穿于近代全球经济发展史。每次经济泡沫破裂均会引发经济与金融
危机，对区域经济乃至全球经济造成重大冲击。特别是 1970 年以后，随着经
济全球化进程加快，经济泡沫化从早期的商品泡沫逐步转向股市泡沫、房地产
泡沫，并向金融衍生品领域延伸。由经济泡沫破裂引发的经济危机发生频率明
显提高，危机规模趋于扩大，对全球经济的负面冲击日益加大。

中国经过三十余年的持续快速发展，已进入流动性过剩较为严重时期。从
各国的发展经验看，流动性过剩不一定会引发实体经济价格的大幅度上涨，但
过剩流动性涌入资产市场后，必然会导致资产价格大幅度上涨，引发经济泡沫
化。目前，中国资产市场、特别是房地产市场已出现一定程度的泡沫，地方政
府规模庞大的隐性债务也隐含着很高的财政与金融风险。随着中国开放程度的
不断提高以及各类金融创新的层出不穷，未来资产价格泡沫的风险越发增加，
需要货币政策在国际上保持相对一致，以共同应对日益全球化的输入性通货膨
胀以及经济危机。

7.5.1　必须科学设定各国货币总量控制标准并严格执行

货币信用投放的无节制，产能过剩、流动性过剩、债务过度，忽视生产而
过度追求货币套利和金融炒作可能带来的好处，已经成为金融危机频发和不断
加重的万恶之首。不能有效控制货币投放和信用泛滥，就不可能从根本上解决

流动性过剩和爆发金融危机的问题。

现在，货币总量的控制实际上缺乏科学而明晰的标准，尽管很多国家确定了通货膨胀的货币中介目标，但通货膨胀（紧缩）一般说来只是货币总量变动的结果，其暴露存在一定的滞后性，因此就会使货币总量的调控存在被动性。而且以通货膨胀为中介目标，尽管单看每一年通货膨胀率可能并没有超出预定目标值，但如果物价指数一直保持上升态势，在连续多年之后，总体看，物价指数或通货膨胀率累计的变化仍可能是相当惊人的。更重要的是，在全球化背景下，国际资本可以跨境流动，而各国货币当局却只能控制本国的通货膨胀水平，当一国资金大量外流时，为抑制通货紧缩，该国货币当局往往会扩大货币投放。这样，尽管该国通货膨胀控制在目标范围之内，但从全球的角度看，却可能引发资本流入地区过高的通货膨胀问题。2000年美国网络泡沫破灭之后，为应对其对美国经济社会造成的巨大冲击，美国政府推出一系列优惠措施刺激房地产发展，同时大幅度降低基准利率，实施宽松货币政策。特别是2001年"9·11"恐怖袭击、2003年伊拉克战争等诸多重大事件的发生，更推动美国投资环境不断恶化，在东南亚金融危机期间大量流入美国的国际资本，又开始大量流出美国，进一步推动美国扩大货币投放。这样，尽管美国的通货膨胀率并不高，但由于大量美元流出，推动了全球化流动性过剩，刺激了新兴国家的发展，带动了大宗商品价格的攀升。今天，全球性流动性严重过剩，产生了严重的金融危机忧患，就说明这种缺乏全球统一协调的、主要以各国自己的通货膨胀作为中介目标的货币政策体系，是不够科学合理的，是难以抑制流动性过剩的。

现在突出的问题是，在货币投放上，信用投放过度，社会负债过度，使得货币总量难以有科学合理的界定，并因此而难以实施简单有效的控制，而这恰恰需要各国货币当局的通力合作和共同研究。

7.5.2　建立国际间的协调机制，避免监管套利和负的外部性

从20世纪大萧条开始，每当遭遇金融或经济危机时，政府都很容易动用宽松货币政策和积极财政政策，即扩大货币投放进行救市。这似乎已成为应对危机的灵丹妙药和传世经典。

但实际上这种做法是有条件的，是建立在急救之后经济能够得到恢复，实现由萧条到复苏再到高涨的发展预期的假定基础上的，并希望将应急措施产生的负面影响在发展中加以消化。

尽管在此次危机爆发之后全球已经投入巨额资金，但目前预期的增长目标

却并没有实现，救市的假设条件似乎并不存在，而扩大货币投放的负面作用却在不断显现，危机远未过去。

流动性过剩及其大规模转移容易引发金融危机，而危机原本是市场发挥调节作用的自然反应，有利于彻底消除流动性过剩问题，尽管市场"无形的手"容易调节过头。但自 20 世纪大萧条开始，每当遭遇经济或金融危机，为阻止危机造成大的危害，各国政府往往会进行救市干预，抑制"无形的手"充分发挥作用，并主要运用宽松的财政政策和货币政策。这又容易引发更多货币投放，进一步扩大流动性过剩。

中央银行之外的间接融资货币投放渠道的出现和发展，货币的信用投放及其乘数效应、记账清算，再加上国际外汇储备的扩大，使得货币投放总量实际上难以事前确定和有效控制，种种因素都非常容易造成货币过度投放，造成整个社会信用泛滥，利率降低，过度消费，过度透支，进而造成全球流动性过剩，通货膨胀、金融危机越来越成为常态问题。在全球化加快发展的过程中，日益严重的流动性过剩，以及大量国际资本在地区间的剧烈聚散，非常容易引发大大小小的金融危机乃至经济危机。而应对危机的冲击更容易引发各国政府更多的货币投放（无论是积极的财政政策还是积极的货币政策，本质上都是扩大货币投放。扩大货币投放成为政府应对危机最容易最便宜的方式和选择），尽管设想的是在恢复发展后逐步消除救市举措的负面作用，但实际上在恢复发展后都把问题给淡忘或有意忽略了，政府都不愿采取紧缩的货币政策，结果使市场无法调整到位，使流动性过剩和金融危机隐患不断积累且越来越严重。这似乎已成为消除流动性过剩和金融危机隐患的"政治难题"。目前在全球范围内，不仅私营部门的债务不断扩大，而且公共部门的债务也在不断扩大。据 BIS 统计，2009 年为应对金融危机，全球政府债券发行规模达到 3.92 万亿美元，而在 2000 年这一规模只有 0.36 万亿美元，之前的规模则更小。这使得今天越来越多的国家，特别是欧美日等发达国家都面临主权债务危机威胁（2010 年末，G7（七国集团）中，除德国之外，其他国家公共债务占 GDP 的比重都超过了 80%）。而一旦政府出现债务危机，则意味着依靠政府信用担保发放的货币可能失去信用，货币体系和金融体系将面临严峻挑战。此次全球金融危机爆发之后，主要经济体采取了力度空前的救市行动，多个国家实施突破传统的量化宽松货币政策，全球货币总量更是迅猛扩大，使得流动性过剩问题更加严峻，未来通货膨胀压力增大，多个国家债务问题集中爆发的威胁更加突出。金融越来越脱离实体经济而盲目发展，虚假繁荣，在货币的发放脱离黄金和社会实际财富的约束之后，货币的信用投放实际上就是透支未来，容易造成流动性过剩，而且容易推动金融过度创新，越来越脱离实体经济的发展而发展，并通过调节社会资源分配（资金流动）以及币值变动等，控制着社会财富的分配，增强金融对社会的影响力。随着流动性越来越大，以货币单位标示的社会财富越来越大，表面看经济金融越来越发达，有利于繁荣，但却容易掩盖过度负债、透支未来、货币贬值的真相，并推动人们增强消费，甚至奢侈浪费、借债消费的冲动和习惯，进一步扩大流动性。同时，越来越多的金融交易已经脱离为实体经济服务的宗旨，而成为纯粹在金融领域内部进行的炒作和赌博（各类金融交易所或交易中心越来越趋向"金融赌场"），刺激社会不断增强赌博心理和投机意识。金融对促进社会财富真实增长的影响越来越弱（金融交易的增长速度远远超过实体经济的增长速度，如果扣除货币总量扩大对经济的刺激作用，金融创新对实体经济的促进作用实际上是值得考究的），却通过金融交易赚取了越来越多的社会财富，进而吸引了更多社会资金和优秀人才脱离实体经济进入金融（虚拟经济）领域，反而可能削弱实体经济发展的实力和创新能力，推动流动性相对过剩问题不断加重，并加深社会不公和社会矛盾，败坏社会道德和文明水平，自私自利，贪图享乐，无视规则，丧失信仰，加重社会管理的难度和成本。

由于多种原因的共同影响，全球流动性过剩问题不断聚集、加重。其中，作为世界第一大经济体、国际中心货币发行国和头号国际金融中心的美国，继20世纪率先爆发金融危机并引发工业国家经济大萧条之后，再次爆发严重的金融危机，并进而引发席卷全球的金融大危机和经济大衰退，不能不说明当今问题的严重性。全球性金融大危机的爆发绝不是偶然发生的，越来越多的国家货币总量与经济总量（GDP）之比，公共债务与GDP之比迅猛攀升，过度负债，寅吃卯粮，债务危机此起彼伏、挥之不去；产能过剩、流动性过剩、粮食产量和资源供应日趋紧张，环境和气候严重恶化等，都已经从量变转化为质变了，都显示全球经济金融以及社会福利总体上已经走过头了，这是值得清醒认识和高度警惕的。

中国作为新兴的发展中国家，在今后相当长一段时期内，经济仍将保持较高速度的增长。在此期间，人民币的升值压力较大，人民币的汇率管制以及汇率政策与货币政策之间的协调问题将给经济金融带来较大的不确定性，也容易形成资产泡沫。从各国经济由欠发达向发达成长的经历来看，这段时期往往容易积累风险并爆发危机。因此，基于人民币升值背景下的货币政策框架的内在不稳定性研究，与各国货币当局展开多方合作和协调，采取预防性的货币政策，才能达到防止经济大起大落的严重后果。

随着经济全球化的发展，跨国公司的发展使得金融机构呈现出国际化的趋势，金融机构具有广泛的债权债务关系，相互之间紧密相关、互为依存，这使得其经营具有很强的外部性。一方面，一家金融机构出现问题，与其具有较强债权债务关系的金融机构也可能因此陷入困境，导致整个金融体系出现流动性危机，进而诱发局部性或全球性的金融危机。另一方面，即使不存在债权债务关系，一家金融机构的倒闭也有可能引起市场信心丧失，而公众的自发行为极易引起挤兑潮，最终波及其他金融机构。事实上，这种彼此的债权债务关系和市场信心的传递在金融全球化的今天变得更为容易，特别是随着一些跨国金融机构的不断膨胀发展，单个市场的问题很容易通过其传染到其他国家和地区。这种极强的负外部性决定了各国金融监管当局必须加强国际金融监管合作。同时，金融机构的发展呈现出国际化趋势，而各国的监管制度却存在着很大的差异，这就决定了有可能存在监管竞争或监管套利。监管竞争是各国政府之间为了吸引金融资源而进行的放松管制的竞争。从20世纪80年代开始，一些国家为了吸引资本流入、发展本国经济，竞相实行了金融自由化。监管竞争带来的管制放松，一定程度上确实吸引了资本、促进了经济的增长，但随后而来的却是层出不穷的金融危机，极大影响了一国经济的发展。监管套利是指金融机构利用监管制度之间的差异规避金融管制、谋取额外利益的行为。如果一国的监管过于严格，在开放条件下，该国的金融机构和业务活动会转向其他监管较为宽松的国家，这一方面会导致本国对金融机构的监管无法实现预期的目标，另一方面会使金融机构利用各种监管漏洞加大投机性行为，增加整个金融体系的系统性风险。无论是监管竞争还是监管套利，都会加大金融市场的波动性，导致金融系统性风险不断增加，因此必须加强国际间的金融监管合作，尽量避免监管漏洞的存在。

7.5.3　构建多层次合作体系，推动更具约束力的合作机制

金融国际化进程的推进以及金融风险传播的加强，都对加强国际金融监管合作提出了要求。结合各自特点，积极沟通多层次的合作体系无论是世界性的，还是区域性的，不断提高其约束力。

（一）正式合作

正式的国际金融监管合作以国际法或区域法为基础，合作组织通过制定明确的监管规则对成员国的监管行为进行约束，一定程度上可以由合作组织统一实施对成员国的金融监管。

这种以权力让渡为前提的国际金融合作在全球范围内实施具有很大的难

度。一方面由于各国经济、金融环境具有很大的差异性，实施统一监管无法满足多方面的需求。以金融创新为例，发达国家的过度金融创新成为 2008 年金融危机直接的导火索，因此需要对金融创新进行限制；而大多数发展中国家还面临着金融市场不够发达、金融工具短缺以至于无法满足公众日常金融需求的状况，因此对这些国家来说，不仅不能限制金融创新，反而还须予以鼓励。差异化的金融环境决定了实施全球统一的监管规则并不现实。另一方面，金融监管权力本质上属于政府公共权力，从属于国家主权，统一监管必然要求主权国家让渡部分金融管辖权，这在实践中是非常难以实现的。

但是设置区域性的跨国监管当局则是有可能实现的，例如欧盟。欧洲联盟正式成立于 1977 年，随着区域性合作进程的不断深化，欧盟逐渐建立起了统一的欧洲央行和单一货币，在此基础上成立了欧盟监管协调委员会，有力地推动欧盟层面的金融监管协调。为改善欧盟监管决策程序，2000 年欧盟建立了拉姆法路西框架，该框架使欧盟金融监管当局能够更好地对市场变化做出迅速反应，提高了欧盟监管协调的效率，成为欧盟进行监管协调的主要依据。针对 2008 年金融危机，欧盟在原有拉姆法路西的框架下加入了欧洲系统性风险管理委员会和欧洲金融监管系统两大支柱，分别从宏观和微观层面加强欧盟的统一金融监管。在这一体系下，欧盟成员国必须接受欧洲系统性风险管理委员会下的银行监管局、保险和养老金监管局以及证券和市场监管局的监管，但三大监管局与各国监管当局的职责如何划分，还尚未确定。

（二）非正式合作

相对于具有法律约束力的正式合作组织来说，非正式的国际监管组织对成员国没有法律约束力，主要通过不具备法律约束的协定来推动成员国之间的合作以及国际性监管标准的推广。目前这种非正式的国际金融合作组织包括金融稳定理事会、国际货币基金组织、巴塞尔银行监管委员会（BCBS）、国际证券委员会组织（IOSCO）、国际保险监督官协会（IAIS）等，这些国际性组织大多采取会员制，建立在协议的基础之上，对各国政府并没有强制性的约束力。

2008 年金融危机后，各国均加大了国际金融合作与协调的力度。为评估和防范系统性风险，G20 将原来的金融稳定论坛提升为金融稳定委员会，将成员国扩大到 G20 的所有成员国、金融稳定论坛现有成员国以及西班牙和欧盟委员会，并赋予它监督所有金融监管机构的大权。金融稳定委员会的职能包括：评估全球金融系统脆弱性、监督各国改进行动、促进各国监管机构合作和信息交换、对各国监管政策和监管标准提供建议、协调制订国际标准；制订跨国界风险管理应急预案等。为履行上述职能，金融稳定委员会设立了全体会议和指导委员会，同时成立三个常设委员会——脆弱性评估委员会、监管和管理合作委员会以及标准执行委员会。此外，还专门成立了一个工作组以推动跨境风险管理的落实。金融稳定委员会主要从强化金融监管和国际组织的作用两个层面来强化国际合作，主要进展包括以下四方面：

第一，监管团（supervisory college）制度。针对每一个全球重要性金融机构，建立专门的监管团，以加强监管。监管团由这些机构的母国负责，包括相关的东道国监管者。监管团主要职责是全面评估这些金融机构的风险和潜在宏观影响，以及其商业战略前景。金融稳定委员会正在研究确定监管团的运作模式，包括建立标准、运作指南以及监管对象等。

第二，信息共享制度。为了推进信息共享，特别是促进金融危机期间相关国家之间的及时沟通，金融稳定委员会成立了危机管理联络组，涵盖了35个国家的相关管理机构，以及主要的全球性金融机构。针对具体的行业来说，银行业将继续采用已经成熟的基于双边谅解备忘录形式的监管者信息交换制度；国际证券委员会组织和国际保险监督官协会已经着手建立证券业和保险业的多边谅解备忘录框架。

第三，增强新兴市场国家地位。与金融监管有关的一些国际标准制定机构开始进行改革，纷纷吸纳新兴市场国家作为新成员，以体现其地位和发挥其作用。2009年2月，国际证券委员会组织的技术委员会邀请巴西、中国和印度成为其成员国；同年3月，巴塞尔银行监管委员会邀请澳大利亚、巴西、中国、印度、韩国、墨西哥和俄罗斯成为其成员国，同时这些国家的中央银行行长和监管当局领导也成为其治理机构的成员。此外，国际会计准则理事会（IASB）也将成员国增至16个，主要的新兴市场国家均纳入其中。

第四，加强与国际货币基金组织的合作。从监管的角度看，金融稳定委员会侧重于规则制定，而国际货币基金组织侧重于政策监督，所以两者要在明确任务和职责的基础上加强合作。在金融危机早期预警系统的合作开发方面，国际货币基金组织成立了一个新的宏观金融部门，侧重开发宏观金融关联的分析框架；金融稳定委员会则基于对金融脆弱性的关注，开发更具操作性和系统性的危机预警系统。

在此基础上，推动非正式合作逐步向真正具有法律约束力的正式合作迈进；不断提升新兴市场国家在主要国际标准制定机构中的话语权，避免"边缘化"。

8

研究结论及展望

本书回顾了国内外关于通货膨胀、资产价格与货币政策的相关研究，针对中国及其他国家的数据对后危机时期资产型通货膨胀的形成、演进及向实物型通货膨胀的传导机制进行了理论与实证分析，从货币总量和货币结构两个视角剖析了货币政策与资产型通货膨胀的双向关系，在此基础上提出了治理资产型通货膨胀的货币政策新框架。得出了如下主要研究结论。

（一）重新界定了通货膨胀的概念

传统意义的通货膨胀描述的是货币过多导致币值下跌，一般物价水平上涨这一现象，而对物价上涨的考察习惯上是以消费者物价指数 CPI 为衡量指标，它并没有包括资产价格在内。而本书从一个更广阔的范围内考察物价上涨的定义，考察了消费类商品价格上涨和资产类物品价格上涨引起的两类通货膨胀：实物型通货膨胀和资产型通货膨胀，将传统的通货膨胀定义为实物型通货膨胀，而将"资产型通货膨胀"定义为货币量过多的反映更多地体现在资产类物品（如房屋、保值品、股票等）的价格上涨中，由此扩展了传统的物价上涨、通货膨胀定义，给予通货膨胀更为精准的分类。在此基础上，对两类通货膨胀的异同点进行了比较，从理论上重新界定了通货膨胀的概念。

（二）论证了资产价格上涨的货币原动力

本书基于"资产价格上涨而一般物价平稳"的"货币政策悖论"，从理论上探究了货币存量与房地产价格之间的双向联系，分析了不同渠道下两者之间的动态"加速器"机制。在此基础上，采用协整 VAR 模型的框架在货币、资产价格、宏观经济之间建立多变量关系，同时针对美国、日本、中国三个国家的典型资产泡沫积聚时期的数据进行实证比较分析。结果表明三个国家中货币量与房地产价格之间都存在着长期均衡关系，巨额货币存量推动房地产价格上涨的力量比较强大而明显。在资产泡沫积聚时期，房地产价格上涨的实体推动因素不足，最重要的还是货币推动因素。由此在后危机时代中央银行货币政策框架及通胀目标应考虑资产价格而作出相应变革。

（三）关注货币结构对不同类型通货膨胀的引致作用

以往的研究通常只关注货币总量的变动对价格的影响，而忽视了货币结构的改变对价格体系的冲击作用。本书不仅研究了货币总量，也探索了货币结构对资产价格的影响。从资产型通货膨胀的特点出发，在假定货币总量不变的条件下，以货币结构为切入点研究了货币冲击后房地产价格和物价不同步上涨的原因。刻画了货币结构的时间和空间两个维度，构建了货币的资产化比率和非实体化比率两个指标，并运用门限模型和 VAR 模型对中国的货币结构与房地产价格、物价之间的非线性关系进行了实证分析。研究发现，在不同的货币结构下，货币量对各类价格冲击影响的速度、力度是不同的。在货币结构的时间维度方面，较高的货币资产化比率会显著推动房地产价格上涨，而较低的货币资产化比率拉动一般物价上涨的趋势更明显；在货币结构的空间维度方面，货币的非实体化程度上升使得房地产价格对货币冲击的响应速度快于物价的响应速度，进而使房地产价格的变化传导到物价，出现资产型通货膨胀与实物型通货膨胀的并发。

（四）提出了变革中央银行"单一目标"模式的政策目标体系

由于信贷的急剧扩张导致对风险的错误定价和资产价格泡沫，传统的 CPI 指标会误导相关信息。本书提出了转变原来单一关注 CPI 的"一维模式"，将资产价格纳入到货币政策关注的目标中来，构建包含资产价格在内的动态广义价格指数，同时关注货币结构变化对未来房地产价格和物价以及通货膨胀的预测能力，将货币资产化比率作为货币政策的监测指标、防止资产型通货膨胀向实物型通货膨胀的传导和转化。在此基础上，辅以中央银行的功能性改革与宏观审慎监管，实现房地产价格的软着陆，并以更均匀的货币政策反应周期搭建治理资产型通货膨胀的货币政策新框架。

由于资产型通货膨胀是最近一二十年才出现的新现象，国内外对其研究还不够深入，也没有完整的理论体系。本书试图突破传统的通货膨胀的理论框架，融合宏、微观经济金融理论的研究方法，构建起资产型通货膨胀的形成、传导及治理框架，其思路和方法不免会存在缺陷。尤其是对资产价格的考察，由于数据的可得性和准确性，只考察了房地产价格而忽略了其他资产价格，不能不说是个缺憾。此外，对于新的货币政策框架中，纳入房地产价格的广义价格指数，如何进一步扩展影响因子、其应用的可行性和效果如何，都有待实践的检验和修正。

参 考 文 献

［1］ Filardo, A., 2001, "Should Monetary Policy Respond to Asset Price Bubbles? Some Experimental Results", In: Kaufman, G. (Ed.), Asset Price Bubbles: Implications for Monetary and Regulatory Policies. Elsevier Science, Amsterdam.

［2］ Borio, C., Lowe, P., 2002, "Asset Prices, Financial and Monetary Stability: Exploring the Nexus", BIS Working Paper, No. 114.

［3］ Borio, C., 2006, "Monetary and Financial Stability: Here to Stay?", Journal of Banking and Finance, Volume 30, Issue 12, pp. 3407 – 3414.

［4］ Greiber, C., Setzer, R., 2007, "Money and Housing: Evidence for the Euro Area and the US", Deutsche Bundesbank Discussion Paper Series 1: Economic Studies 07/12, Frankfurt a. M.

［5］ Belke, Walter Orth and Ralph Setzer, 2010, "Liquidity and the Dynamic Pattern of Asset Price Adjustment: A Global View", Journal of Banking and Finance, doi http://dx. doi. org/ 10. 1016/ j. jbankfin. 2009. 12. 012.

［6］ Ferguson, R., 2003, "Should Financial Stability be an Explicit Central Bank Objective?", In Monetary Stability, Financial Stability and the Business Cycle: Five Views. BIS Papers, No. 18.

［7］ Roach, S. 2007, "The Great Failure of Central Banking", Fortune, August.

［8］ Goodhart, C. A. E., Hofmann, B., 2007, "House Prices and the Macroeconomy: Implications for Banking and Price Stability". Oxford University Press, Oxford.

［9］ Adalid, R., Detken, C., 2007, "Liquidity Shocks and Asset Price Boom/Bust Cycles", ECB Working Paper 732, Frankfurt a. M.

［10］ Frederic S. Mishkin, 2007, "Inflation Dynamics", International Finance, Volume 10, Issue 3, pp. 317 – 334.

［11］ Robert G. King, Yang K. Lu, Ernesto S. Past'en, 2008, "Managing Expectations", Journal of Money, Credit and Banking, Vol. 40, No. 8, pp. 1625 – 1666.

［12］ Christopher Crowe, 2010, "Testing the Transparency Benefits of Inflation Targeting: Evidence from Private Sector Forecasts", Journal of Monetary Economics, doi: 10. 1016/ j. jmoneco. 2009. 12. 003.

［13］ Bernanke, B., Gertler, M., 2001, "Should Central Banks Respond to Movements in Asset Prices?" American Economic Review 91 (2), pp. 253 – 257.

［14］Carl E. Walsh, "Inflation Targeting: What Have We Learned?" International Finance, 12: 2, 2009: pp. 195 – 233.

［15］Steve Ambler, 2009, "Price – Level Targeting and Stabilisation Policy: A Survey", Journal of Economic Surveys, vol. 23, No. 5, pp. 974 – 997.

［16］Cecchetti, S., Genberg, H., Wadhwani, S., 2002, "Asset Prices in a Flexible Inflation Targeting Framework", NBER Working Paper 8970.

［17］Bryan, M., S. Cecchetti and O'Sullivan, 2005, "A Stochastic Index of the Cost of Life: An Application to Recent and Historical Asset Price Fluctuations", in HKP, Ch19.

［18］Alchian, A. A. and B. Klein, 1973, "On a Correct Measure of Inflation", Journal of Money, Credit and Banking 5 (1), 173 – 191.

［19］Assenmacher – Wesche, K. and S. Gerlach, 2008, "Money, Growth, Output Gaps and Inflation at Low and High Frequencies: Spectral Estimates for Switzerland", Journal of Economic Dynamics & Control 32, 411 – 435.

［20］Bordo M. and A. Filado, 2004, "Deflation and Monetary Policy in a Historical Perpective: Remembering the Past Or Being Condemned to Repeat It?" NBER Working Paper 10833.

［21］Bryan, M. F., S. G. Cecchetti and G. O'Sullivan, 2002, "Asset Prices in the Measurement ofInflation", NBER Working Paper, 8700.

［22］ECB, 2003, "Background Studies for the ECB's Evaluation of its Monetary Policy Strategy". European Central Bank, Frankfurt am Main, Germany.

［23］Hayek, F. A., 1931, "Price and Production", London: Routledge and Sons.

［24］Fisher, I., 1911, "The Purchasing Power of Money". The Macmillan Company, New York, USA.

［25］Friedman M. and A. Schwarz , 1963, "A Monetary History of the United States 1867 – 1960", Princeton University Press, USA.

［26］Fredrik NG Andersson, "Monetary Policy, Asset Price Inflation and Consumer Price Inflation", Economics Bulletin, March 04, 2011.

［27］Gerdesmeier D., H – E. Reimers and B. Roffia, 2009, "Asset Price Misalignments and the Role of Money and Credit", European Central Bank Working Paper 1068.

［28］冯贞柏. 体制约束、经济市场化与货币化指数"剪刀差"［J］. 经济体制改革. 2009 (3).

［29］李斌. 经济发展、结构变化与货币消失［J］. 经济研究. 2004 (6).

［30］李健. 结构变化:"中国货币之谜"的一种新解［J］. 金融研究. 2007 (1).

［31］李健,邓瑛. 推动房价上涨的货币因素研究——基于美国、日本、中国泡沫积聚时期的实证比较分析［J］. 金融研究. 2011 (6).

［32］林仲豪. 货币供应与物价间的反常规关系研究［J］. 山东社会科学. 2007 (9).

［33］吴军,董志伟,涂竞. 有效需求不足背景下的潜在通货膨胀压力——基于货币结构分

析视角［J］．金融研究．2011（7）．

［34］伍志文．货币供应量与物价反常规关系：理论及基于中国的经验分析——传统货币数量论面临的挑战及其修正［J］．管理世界．2002（12）．

［35］伍志文，鞠方．通货紧缩、资产膨胀与货币政策——兼论当前中国的货币总量和货币结构问题［J］．管理世界．2003（11）．

［36］徐忠，张雪春，邹传伟．房价、通货膨胀与货币政策——基于中国数据的研究［J］．金融研究．2012（6）．

［37］吕江林．我国的货币政策是否应对股价变动做出反应［J］．经济研究．2005（3）．

［38］瞿强．资产价格波动与宏观经济政策困境［J］．管理世界．2007（10）．

［39］段忠东．房地产价格与通货膨胀、产出的非线性关系［J］．金融研究．2012（8）．

［40］戴国强，张建华．我国资产价格与通货膨胀的关系研究——基于 ARDL 的技术分析［J］．国际金融研究．2009（11）．

［41］贺晨．商品房价格与货币供应量关系研究——兼论我国宏观经济政策［J］．管理世界．2009（1）．

［42］赖溟溟，白钦先．我国居民消费财富效应的实证研究［J］．上海金融．2008（8）．

［43］李成，王彬，马文涛．资产价格、汇率波动与最优利率规则［J］．经济研究．2010（3）．

［44］刘斌．稳健的最优简单货币政策规则在我国的应用［J］．金融研究．2006（4）．

［45］陆军，钟丹．泰勒规则在中国的协整检验［J］．经济研究．2003（8）．

［46］骆祚炎．居民金融资产结构性财富效应分析：一种模型的改进［J］．数量经济技术经济研究．2008（12）．

［47］钱小安．流动性过剩与货币调控［J］．金融研究．2007（8）．

［48］王擎，韩鑫韬．货币政策能盯住资产价格吗？来自中国房地产市场的证据［J］．金融研究．2009（8）．

［49］王宇，李季．持续性加权核心通货膨胀的测度及其货币政策建议［J］．国际金融研究．2012（4）．

［50］王子龙，许箫迪，徐浩然．中国房地产财富效应测度的实证研究［J］．财贸研究．2009（2）．

［51］谢平，罗雄．泰勒规则及其在中国货币政策中的检验［J］．经济研究．2002（3）．

［52］易纲，王召．货币政策与金融资产价格［J］．经济研究．2002（3）．

［53］周其仁．货币似蜜，最后还是水［J］．财经．2009（13）．

［54］张屹山，张代强．前瞻性货币政策反应函数在我国货币政策中的检验［J］．经济研究．2007（3）．